달팽이 향수병

양해연 시집

서정시학 시인선 207

서정시학

낮잠에서 깬 고양이가 허벅지를 할퀸다
동그랗게 피가 맺히는 걸 바라보며 가
슴에 매달린 통증을 잊는다
— 「수척해진 태양」에서

서정시학 시인선 207

달팽이 향수병

양해연 시집

서정시학

시인의 말

마음을 다해도 주어진 시간을 다해도 이루지 못하는 것이 있습니다. 끝내 놓치고 마는 것들이 있습니다. 종이배를 싣고 흘러간 어린 날 시냇물이 떠돌다 단풍나무 잎사귀에 듣는 빗방울로 돌아옵니다. 뜨거운 한낮을 숨 쉬고 맞는 우리의 저녁이 고단한 육체를 어루만지는 감사와 안도로 가득하길 빕니다.

2023년 가을
양해연 올림

차 례

시인의 말 | 5

1부

독이 흐르는 나비 | 13
우체국이 보이는 베란다 | 14
목이 잘린 장미 | 16
갈래길 끝에서 | 18
곳집이 어둠에 싸일 때 | 20
연둣빛 물이랑이 바닷물에 스미는 | 21
달팽이 향수병 | 22
도착하지 않은 시냇물 소리 | 23
자서전 중에서 | 24
푸른 곰팡이 | 25
Q시 이야기 | 26
부끄러움 없는 스무 살 | 28
두 개의 생일을 가진 아이 | 30
달팽이관이 자라는 밤 | 31

2부

분실물 보관소 | 35
원근법이 사라진 그림을 감상하는 법 | 36
바다의 묵시록 | 37
기다리는 I | 38
모래시계 | 40
제3의 성性 | 42
수척해진 태양 | 43
여름 잠수교는 보이지 않았다 | 44
너의 뒷모습 | 45
몇 번의 여름이 지나는 동안 | 46
환幻 | 47
Homo hybrid | 48
멸시 | 49

3부

갈루아, 갈루아 | 53
쾌락주의 사랑 | 54
갯벌 진흙은 왜 고울까 | 56
콤플렉스 or 콤팩트 | 58
참새와 고양이 | 60
체스판 위 술래잡기 | 61
알렉스, 퍼즐이 되다 | 62
야윈 빙산의 허리 | 64
밤에는 보이고 낮에는 보이지 않는다 | 65
나는 나를 복제해 | 66
기억을 믿지 마세요 | 68
과호흡 증후군 | 69
테오에게 | 70
π 구하기 | 72

4부

칼 마르크스 유감 | 75
자본 이데아 | 76
그리고 인류 | 77
무덤이 있는 집 | 78
대통령과 미루나무 숲 | 80
Give Me Chocolate | 82
영화처럼, 쿠데타처럼 | 84
바이러스 | 85
후줄근한 날들의 소동 | 86
멧돼지와 무화과 | 88
카푸친원숭이의 미래 | 90
새들은 숲으로 돌아가지 않는다 | 91
회전목마 | 94
해설 | 인류의 미래와 지구의 운명에 대한 걱정 | 이승하 | 96

1부

독이 흐르는 나비

        오래된 격률이나 법전의 문구인 양
            모토는 아리송해서
      어떤 이는 발걸음 멈추고 돌아보지만
          어떤 이는 지나쳐버린다

꽃의 뼈를 알고 있다
비바람 그친 아침 꽃잎에서 보았다

  꽃술에 얼굴을 묻었을 때 통증에 어지러웠다 꽃이 뼈를 내밀어 내 몸 깊숙이 독을 퍼뜨리며 만개하고 있었다 상처에서 쉬지 않고 진물이 흘러내린다 퍼져나가는 독 때문인지 다채로운 빛깔로 온몸이 변해간다 얼비치는 날개의 무늬마저 황홀하다

  꽃잎은, 지탱하던 제 안의 뼈를 녹여 한 방울 물기도 남기지 않고 바람에 날린다

  나비의 몸에 꽃과 독이 흐른다

우체국이 보이는 베란다

　식물 체취로 자욱한 화원은 현기증이 났다 줄기에 비해 커다란 잎을 매단 식물이 상아색 화분에 담겨 있다

　물만으로도 자란다는 허브식물들이 서너 달을 넘기지 못했다 이후로도 번번이 자책감만 키웠다 오래된 지하상가를 지나다 빈 의자에 이끌려 마주앉은 점술사는 불이 많은 내 사주 때문이라 했다

　화원 주인은 상아색 화분을 건네며 커다란 잎의 식물에 대해 몇 가지 당부를 했다 화분의 식물은 시간의 빛을 몸 안에 간직하고 있다는 것과 열대우림이 고향이라는 것, 때때로 이유 없이 식음을 전폐하거나 알아들을 수 없는 혼잣말을 하더라도 당황하거나 내색하지 말라고 했다

　큰 강으로 흘러드는 개천을 바라보며 소일하던 식물은 유성이 쏟아지는 날이나 열대야로 소란한 밤이 지나면 뺨까지 흘러내린 그늘이 한층 짙어졌다

　식물이 향하는 쪽으로 습관처럼 눈길을 맞추다 새로 지은 건물이 눈에 들어왔다 꼭대기에 우체국이라 쓰여 있다 우체국 건물을 마주한 화분은 전보다 빠른 속도로 자라기 시작했다

첫 추위가 몰려온 아침 초록색의 단단한 열매 하나를
매달았다

목이 잘린 장미

개미굴에서 길을 잃었어
점술사를 만나러 가는 길이었지
어둠처럼 서늘한 알코올 냄새를 맡으며 광장을 건넜지
개미굴로 연결된 계단을 내려갔어
그가 개미굴에 산다는 것 외엔 아는 게 없다는 걸 알았을 때
귓속에서 갑자기 뱃고동 소리가 들려왔어

개미굴에서 멀지 않은 곳
바다를 조망하는 위치에 세워진 늙은 군인의 입지전적 기념비
노르망디 상륙작전과 쌍벽을 이루는 세계 전사에 빛나는 상륙작전이었다니
그때 들은 뱃고동 소리는 내 안을 맴돌던 나팔소리였는지도

다행히 약속 시간에 늦지 않고 당도할 수 있었지
점술사는 한눈에 날 알아보더군

난, 시간을 이기는 법과 운명에서 탈주하는 법에 대해 물었고
그는 내게 꿈과 추억을 오래도록 간직하는 법에 대해 말했어

강물의 영원성이나 변치 않는 사랑에 관해 묻고 싶었지만 어쩐지 마음이 아파와 그만두고 말았지

시들기도 전 목이 잘린 장미 한 송이 복선처럼 내게서 떠나지 않아

갈래길 끝에서

 관목들 사이 느린 움직임은 소리마저 들리지 않아 더 느리게 느껴졌다

 갈래길 한가운데 공터를 지나 강 쪽으로 이어진 내리막을 따라 걷자 아름드리 팽나무가 나타났다
 강물의 수심이며 건너편 사람들의 움직임이 한눈에 들어왔다
 아이들은 여러 방향의 갈래길 끝에 무엇이 있는지 궁금해, 재잘거리는 소리가 들리지 않는 거리까지 뛰어갔다 돌아온다
 숨을 헐떡이며 뛰어와 내 손을 잡았다 놓았다
 여러 개의 갈래길 얘기를 들려주었다
 어떤 길의 끝에는 목장이 있고
 어떤 길은 가도 가도 아무것도 보이지 않아 돌아왔다고 했다
 어떤 길에서 돌아올 땐 빨간 사과를 손에 쥐고 있었다

 팽나무 아래서
 강 건너 사람들의 움직임을 바라보다, 여울을 만난 물살이 흐름을 되찾는 지점을 좇고 있다
 숨이 턱에 닿을 듯 뛰어와 안기는 아이들에게 너무 멀리 가진 말라는 당부를 잊지 않았다

한밤중 걸려온 전화에 길을 나섰다
행선지를 묻는 택시기사에게 갈래길이 있는 팽나무 아래로 가자고 말했다

곳집*이 어둠에 싸일 때

 햇빛의 일렁임 때문이었을 거야 몸이 한쪽으로 기울었어 맨발이었지 물이 너무 맑아 물그림자가 발등을 간지럽혔어 고개를 들어 물이 흘러가는 쪽을 바라본 순간, 내 몸이 물살의 빠르기로 흐르는 것 같아 현기증이 났어 빛의 장난질에 나도 모르게 주저앉고 말았지

 반쯤 자란 갈대밭 너머 보라색 꽃들을 보았어 오각형의 꽃봉오리들은 청보라색 꽃을 피우지 순백의 꽃송이는 화려하지 않아도 특별해

 꽃피는 시간은 아름다워 흰색과 보라색 도라지꽃들이 피어 있는 풍경도 그렇지만, 꽃피기 직전의 봉긋한 꽃봉오리들을 엄지와 검지로 누르면 퐁, 꽃잎을 터뜨리는 소리에 즐거웠지 내 부름에 꽃이 대답하는 것 같았어 꽃들과 놀기를 멈추고 고개를 들었을 때 어렴풋이 번지는 노을을 보았어

 노을 지는 산 아래 소나무 숲을 등진 곳집이 어둠에 싸여가는 걸 보며 돌아가는 길, 내 장난질을 두고 도라지꽃들과 곳집이 밤새 흉을 볼 것만 같았지

---

 * 곳집: 상여와 그에 딸린 여러 도구를 넣어두는 초막.

연둣빛 물이랑이 바닷물에 스미는

  외줄타기 곡예사는 리듬에 몸을 맡긴 댄서처럼 진공의 호흡으로 생을 건너지 허공을 가로지른 줄이 일순간 출렁일 걸 예감하지 못한 채 그러니까 운명 따위 없는 거라고

  우리가 건너지 못한 물이랑이 연둣빛 산그늘에 물들며 흐르다, 여울을 휘돌아 어디쯤 바닷물에 스미는 오후 회귀하는 연어 떼의 필사적 몸놀림에 시간이 조금씩 물러서고 그대는, 피카소의 앞모습과 옆모습이 공존하는 시공 속 肉을 끌고 가는 바람으로 머물다 자꾸만 눈시울이 붉어져 오고, 모든 것을 떠나보낸 손을 내밀어 아무 원망도 없는 악수를 나누지

  우리가 아직 사랑이었을 때 자정이 지난 카페 레너드 코헨의 노래가 그런대로 어울렸지 반복적 리듬과 단조로운 음정을 따라가며 if를 세다 아주 겹치지 못하는 우리의 호흡을 생각했지 첫머리가 if인 노래의 마지막이 어김없이 I'm Your Man으로 끝나는 것에 안도하면서

달팽이 향수병

초원에서 데려온 달팽이는 향수병 때문인지 며칠째 미동도 없다 물조차 마시지 않는다 변덕스러운 조울의 포로가 되어 한없이 사랑스러운 촉수를 안으로 감추고 말라가고 있다 이마에 닿을 듯 내려앉은 밤하늘, 잡힐 듯 빛나는 북두칠성을 가리키던 더듬이로 초록 잎사귀를 한 번만 더 움켜쥐면 좋으련만

하늘 가운데를 가로지르던 빛줄기 수평선 너머로 곤두박질친다

멀리서 바라보면 별처럼 박힌 소와 말, 기분 내키는 대로 경중대는 염소 무리는 종일토록 초원에 머리를 박고 쉴 새 없이 풀을 뜯는다 땅을 디딘 다리의 힘이 풀린 후에도 눈을 들어 허공을 응시하는 일 따위는 없다 싱싱한 풀이 시들기 전 몸을 살찌우는 것 외, 달리 중요한 게 있을 리 만무하다

도착하지 않은 시냇물 소리

 엉겅퀴 꽃잎을 날려 보내고 여름이 떠나기 전 도토리 열매를 매달아 놓았다 도토리는 감나무가 되고 감나무 가지가 무거워질수록 살무사 앞머리 세포가 빠르게 분화하고, 감나무 가지에 날아든 까마귀, 아직 도착하지 않은 시냇물 소리를 듣는다

 너는 지느러미를 잃고 사막을 떠돌다 높낮이가 어긋난 노래를 부르고, 흐늘거리는 널 붙잡으려 꼬리에 독을 모은 전갈이 되고, 간간이 먼 그리움이 궁금한 까닭에 뒤돌아보다 기어이 귀가 큰 여우가 되고, 이슬람 여인이 죽도록 간직한 첫사랑 같은 붉은 카펫이 된다

 그리고 난, 세로토닌이 바닥난 두개골이 된다

 바다는 아무런 예고 없이 직각으로 사막에 면해 있었다
 가장자리가 잘려나간 바다에서 누구는 아가미를 잃어버린 채 떠돌다 포도나무가 되고, 누구는 심장을 잃고 아주 멀리로 가 돌덩이가 되었다 모래바람에 쓸려 사라진

 어떤 이의 심장이, 어떤 이의 아가미가, 어떤 이의 지느러미가 떠다니는

자서전 중에서

 배운 거 없고 가진 거 없어 되는 대로 살았지요 알바든 비정규직이든 닥치는 대로요 다니던 직장이 문을 닫아 기웃거리기 일쑤였죠 일이 되려고 그랬는지, 구인 광고란에서 괜찮은 데를 찾았어요 집에서 멀지 않은 베니어공장이요 적응하느라 고달팠지만 이 정도 고생은 고생도 아니죠

 새파랗게 젊던 시절엔 만석꾼네 머슴도 했어요 새끼머슴이요 머슴살이에 잔뼈가 굵은 이들은 험한 일도, 험한 욕도 잘 견디더군요 상머슴 소리 듣는 날까지 버틸 작정이었죠 제 주제엔 그것도 출세니까요 동갑내기는 밤마다 한숨이더니 얼마 안 가 떠났어요 다람쥐 쳇바퀴 도는 머슴살이 하느니 대목장 따라다니며 목수 일 배우겠다나 뭐라나

 베니어공장에선 나무가 들이마신 시간의 선도가 보이죠 나왕이나 전나무 같이 곧게 자란 나무는 베니어 재료로 그만인 걸요 아름다운 무늬목을 저밀 땐 환취幻臭마저 느껴져요 얇게 저민 나무판을 직교로 접착하면 처음보다 단단한 베니어판이 나오죠 쉴 새 없이 공장을 휘젓고 다니는 이에게 말했어요 어떻게든 여기서 뿌리를 내리고 싶어요

푸른 곰팡이

햇빛은 내게 사랑이나 돈처럼 궁핍하다
겨울이 지평선을 넘던 날
외벽 가까이 놓아둔 옷장 서랍을 열었다
얼룩이 밴 버릴 수 없는 것들이 습기에 잠식되어 있다

어둠은 물러날 기미를 보이지 않는다
어쩔 수 없다
채광으로 시간을 가늠하기 힘든 실내를 벽시계가 지키고 있다

창을 통해 보이는 시멘트 건물 벽면
유일하게 밖을 볼 수 있는 건물과 건물 사이
한 뼘의 간격으로 차와 사람들이 오간다
비가 오거나 눈이 내리는 날, 풍경은 건물에 잘린다

창을 열자 아이들 떠드는 소리
어둑한 실내로 햇빛 냄새가 번진다
바람의 방향이 바뀌는지 창가 커튼이 출렁인다
어둠을 삼킨 덩어리 서늘하게 몸을 떤다

Q시 이야기

 Q시를 떠올리는 배경으로 노을이 물든다
 삼각뿔 모양 산 정상엔 철탑이 솟아 있다

 꽃나무 시름 앓는 연유를 알 길 없어 애태우던 때
 울먹이는 나를 위로하던 봄볕 같은 사람 있었다
 수줍게 만개한 자신의 꽃나무를 가리키며 웃음 짓던
 그 꽃나무 아무도 몰래 고사해버린 후 여러 달 여러 날
휘청거리다 Q시로 떠나던 뒷모습
 서너 해 전 일이다

 Q시를 찾아간 건 시름 앓는 내 꽃나무 때문이다
 되돌릴 수 없는 상처를 꿰매기에 더 없이 좋은 곳이란
소문을 듣고서
 한때 내 몸의 일부이던, 어렵사리 꽃을 피운 꽃나무가
 나무가 되고 싶다 했다

 소방서, 경찰서와 나란히 놓인 건물의 수술대 위에서
나무가 되기 위해 붉은 꽃을 떨구었다

 밤낮없이 울려대는 사이렌 소리에 왠지 모를 불안과 안
도가 교차했다

내 꽃나무 꽃 진 상처도 시간으로 무뎌질까

철탑에 찔린 저녁 해가 쏟아내는 노을을 등지고 Q시를 떠나왔다

부끄러움 없는 스무 살

  테이크아웃 커피를 들고 산책 중이야
  위풍당당 전사들의 행진
  보기 좋은 장면 같아 걱정스러웠지
  누군가의 질시
  날아든 돌멩이에 코가 깨졌어
  눈알이 튀어나온 전사는 펄펄 뛰었지
  뒤이어 날아든 날카로운 유리 조각에 곁에 있던 전사들 살가죽도 찢어졌지
  핏물이 길을 덮었어

  돼지머리가 웃는다
  무녀의 기도발이 적중하려나 보다

  미아리고개 고가도로 아래 철학관이 즐비했어 달동네 스카이라인은 산의 능선을 닮지 무허가 담장마다 번지수 휘갈기던 시절, 서울역 앞 D빌딩 엘리베이터에 정신이 혼미했어 상류층 사람들의 자살과 강남 호텔 나이트클럽 여대생 뉴스를 들으며 모르는 세상을 알아가고 있었지 아침에 빠져나와 저녁에 들어가는 달동네 자취방이 현주소

  난 부러움 없는 스무 살이었어

눅눅한 그늘에서 기생하는 균사체가 꽃 필 날을 준비하고 있다
간절하고 치밀한 변신술이다

가상이 현실이라면 못 이룰 게 없지 횟수가 반복될수록 속임수는 늘어날 테고 목표는 한결 같이 승리라 해도 룰은 언제나 공정하지 않아 스타크래프트는 인정할 만해 거부감이야 있겠지만 메이플스토리 확률 조작에 등 돌린 유저들은 루저가 아니야 리니지 월드 몽환의 낙원조차 우연과 필연의 전장일 뿐이지 황금의자가 황제 다리를 걸어 고꾸라뜨리고 배반의 주술이 밤낮없이 이어지는
　여긴 바람의 나라야

두 개의 생일을 가진 아이

　수술대 위 물고기가 한순간 눈을 감았다 뜬다 갈고리가 빠르게 움직이더니 가느다랗고 긴 선홍색 장기가 끌려 나온다 꺼낸 장기를 은색 쟁반 위에 가지런히 펼쳐 내민다 온몸 비늘이 곤추선다

　또렷이 기억하는 냄새 얼음이 풀리고 초목의 뿌리가 물가 쪽으로 뻗어오던 이른 봄, 낙엽과 돌무더기가 만들어준 물속 은신처에서 몸을 풀던 날 맡은 냄새 은색 쟁반 위에 놓인 물체는 그날 분리된 내 몸의 일부, 나는 손을 뻗어 선홍색 장기를 천천히 혀로 핥다 삼킨다

　지느러미가 향하는 곳과 몸에 새겨진 좌표 사이의 불화
　꽃망울이 부풀어갈 무렵 넌 송곳으로 너를 찌르며 소리쳤다
　─나는 나를 선택할 거야, 난 태어나기 싫어

　긴 잠에서 깨어난 물고기처럼 지느러미 꿈틀대는 빈 아랫배를 바라본다 선홍색 장기가 가시처럼 박힌 아가미로 뭉클한 비린내가 솟았다

　물살을 가르는 숨소리가 들려온다

달팽이관이 자라는 밤

코가 촘촘한 그물을 메고 강가로 나갔어
강물은 맑기도 탁하기도 해서 깊게도 얕게도 보여
물속에 반쯤 몸이 잠긴 수초들은 여름이 다 가도록 검푸른 그대로

뜨거운 이마에 손을 얹고
알약을 건네 순한 잠에 빠져들지
잠든 얼굴 위로 강물이 흘러

홈쇼핑에서 화성을 분양 중이네
두 번 만에 매진된 moon프로젝트
웃돈을 준대도 구경조차 못한다며 쇼핑호스트는 열을 올려

밤이 오면 강가로 나가 그물을 던져
한낮엔 무덤덤한 생각들이 잠을 청해 누우면 두려운 이야기로 변해버리지
잠든 네 얼굴 위로 수초가 자라고
앞뒤 없는 문장들이 끝도 없이 이어져

2부

분실물 보관소

여름이 가까워지자 사람들은 떠날 채비를 했다
둥그렇게 몸을 말고 상처를 핥는 혀끝으로 살아나는 바다

벅찬 바다는 숨이 가쁘고
열기를 품은 바람이 바다에 닿으려
인파 속을 파고든다

한 번 세상에 온 것들은 사라지지 않아
무엇으로든 다시 태어나지
떠돌다 떠돌아다니다
백사장 위 발자국에 제 몸을 대어도 보고
나부끼는 빗방울로 목을 축여도 보고

 발바닥을 간질이는 모래의 잔열이 잃어버린 웃음소리를 돌려주지
  겨울 안개는 빛바랜 사진첩으로 숨어들어도
  어쩌지 못할 울렁임 게워내고 돌아서는 바다

원근법이 사라진 그림을 감상하는 법

4월은 지나갔다
죽은 땅에서 라일락을 피워내고
추억과 욕정을 뒤섞고
잠든 뿌리를 봄비로 깨워내라* 재촉하던

흔적은 어디에도 남아있지 않다
아직도 남았다면 지키지 못한 약속 또는 신기루

달이 조금만 더 빨리 돌았다면
지구가 조금만 더 단단했더라면
그대와 난 영영 만날 수 없었겠지

낡을 대로 낡은 행복과 해질 대로 해진 불행의 허울 같은 옷가지가 걸린 추상화
  필라멘트에 불을 밝히는 저녁을 기다리던 그때

  죽은 땅에서 라일락을 피워냈고
  추억과 욕정을 뒤섞고
  잠든 뿌리를 봄비로 깨웠건만

---

* T. S. 엘리엇.

바다의 묵시록

밤새 바다는 머리맡에 출렁였다

통증클리닉 의사는 단호하게 말했다
쇠골이 드러나도록 어깨를 열어젖히시오

젖은 몸이 말라가는 중에도 통증은 계속된다

새하얀 지붕을 투과하지 못한 햇살이 부서지고 잠기는 해수면
절제된 해안선을 따라 잊혀진 서사가 되살아나는 곳

굳게 입을 다문 바다를 어떻게 용서할까
그림자가 원을 그린다

후회와 체념에는 비슷한 강도의 한숨이 있다

파도에 휩쓸려 조각나버린 꿈처럼

새로 난 상처가 해풍에 쓰리다

기다리는 I

I는 기다리고 있다
어제도 기다렸다
기다리는 동안 창가의 수국은 마른 꽃이 되었다
묻지 않았다
기다리는 I에 대하여
I는 묻기도 전
올 테니, 제발 믿어달라고 했다
오지 않을 걸 알지만, 알고 있지만 말하지 않기로 한다
네가 아파할까 봐

I에게 I는
다섯 살 생일에 받은 로봇 장난감이라서
크리스마스이브의 첫 고백이라서
때때로 I는 울리지 않은 핸드폰을 들여다본다
무심한 사람들이 무심하게 보내온 문자를 오래 들여다본다
오지 않는 I가 보내온 암호를 해독하려는 듯

I는 알고 있는지 모른다
기다리는 I는 올 수 없는 I라는 것을
내 동공에 차오르는 바다, 갈매기 울음소릴 듣던 날 알아버렸는지 모른다

그리고 나처럼 말하지 않기로 마음먹었는지 모른다
내가 아플까 봐 말이다

모래시계

사구로 가는 길은 여러 갈래다
A코스, B코스, 나머지 하나는 순비기길
모래땅 위 가느다란 풀들이 몸집을 늘려가고 있다
한여름에 보라색 꽃을 피우는 순비기나무에도 물이 오르고 있다

그녀는 여러 번 말했다 사구에 꼭 놀러 와요 사막을 여행하는 기분이라니까요 바다가 장관이죠 모래가 점점 줄어드는 게 안타까워요 해마다 달라지는 걸요

겨울 초입의 저녁 어린 쌍둥이를 놓고 간 그녀를 다시 본 건 장례식에서다 모래가 사라져가듯 자신을 증발시키다 목을 맨, 초점 없는 눈길이 나를 반겼다

생각을 헤집으며 걷는 사이 목책을 둘러친 사구 아래 이르렀다
접근금지 팻말이 눈에 들어오고 바람이 뒹굴다 간 흔적이 햇살 아래 굴곡지다
오래전 그녀의 목소리가 파도 소리에 섞인다
사막을 떠올리기에 형편없이 허물어진 사구 멀리 바다가 보인다

수평선 위로 떠오른 섬 하나 물결에 밀려온다

제3의 성性

두 번째 성性을 가졌구나
남 이야기 좋아하는 세상 사람들 우릴 향해 묻겠지
무슨 대답이 좋을까
어떤 대답이라야 고개를 끄덕일까

너는 수선화 목걸이를 하고
별 아래 공원길 손을 잡고 걸으며 말했지
─저기, 개밥바라기에 가고 싶어

밤하늘 헤매던 네 시선이 지상을 두리번거리던 때
남의 집 현관문 안쪽 이야기, 귀 기울이는 사람들 수군댔지
─괴상해요 정말, 비정상인 거죠

너는 두 번째 성을 찾았구나
너의 첫울음 치마폭에 받아 안던 밤
그 밤의 행운에 많고 많은 불운이 지워졌지

그토록 찾아 헤맨 별자리, 너의 별자리를 찾았구나

수척해진 태양

  우리는 지나가는 중이었고 서로를 알지 못했다

  햇빛은 백양나무 이파리 사이로 쏟아졌다
  풍경의 바깥쪽이 수런대는 동안 경계면 안쪽으로 발을 들여놓았다
  오래된 서가와 시든 꽃병, 기하학적 무늬가 수놓아진 카펫 위 사물들이 모호한 거리를 유지하고 있었다

  불행을 견디느라 불구가 된 사람 하나
  가늠할 수 없는 표정으로 신의 부재를 견디고 있었다

  낮잠에서 깬 고양이가 허벅지를 할퀸다
  동그랗게 피가 맺히는 걸 바라보며 가슴에 매달린 통증을 잊는다
  언제까지고 보살펴야 할 대상이 있다는 건 생을 옭아매는 질긴 끈이라서 마음이 놓인다

  태양은 나날이 수척하다
  지난 가을 낙엽 위로 스스럼없이 내리는 잎새들
  바람에 부대끼는 잎맥이 앙상하다

여름 잠수교는 보이지 않았다

어린 날 냇가에서 발을 헛디뎠다
누구의 도움도 없이, 살아나왔다
다만 나는 그때 내게 무슨 일이 일어나고 있는지 똑바로 바라보았다

잠수교 위를 지난다
긴 장마에 다리는 여름 내 수장 신세였다
허름해지는 난간 아래 유행가처럼 강물이 흐른다
직진 방향을 벗어나 강 둔치로 핸들을 틀자 인공 섬들이 나타난다
세 빛 둥둥섬
세 개의 콘크리트 건물이다

신전 기둥을 흉내 낸, 장미꽃을 문 항아리가 놓인 섬의 옥상
붉은 카펫이 깔리고 카펫 위로 꽃잎을 뿌리자 결혼식이 시작된다

막 탄생한 부부의 뒷모습을 바라보다 고개를 돌리자 강 한가운데 요트가 보인다
요트에서 누군가 손을 흔들며 소리친다
알아듣기엔 바람이 거세다

너의 뒷모습

환승역에서 자주 길을 잃는
쫓기듯 돌아온
너를 보낸 출국장 B구역

빠르게 적어 건넨 주소
아름다운 곡선과 부분적인 직선이 조화로운 글자
어쩐지 너와 닮은 것도 같아 안도했다

바람이 등을 떠미는 귀국 항로는 떠날 때보다 서너 시간 덜 걸린다며
네 목소린 가늘게 떨렸지

활주로등에 불이 켜지는 순간, 우린 기분이 좋아졌을까

낮이 계속되는 땅에 적응해 간다 했지
어디에도 정주하지 못할 것 같다기에
다행이라 했지

몇 번의 여름이 지나는 동안

 단박에 알아봤다 아는 얼굴이라곤 너 하나뿐인 그곳에서 사람들은 느리게 대화하고 느리게 걷고 네 이름을 부르는 소리에 넌 느리게 다가와 손을 내밀고, 나도 네 손을 잡으며 느리게 웃었다 주위를 둘러보다 조금 친절해 보이는 여자에게 여긴 시간도 느리게 흐르는지 묻자, 여자는 나를 안심시키려는 눈빛으로 천천히 말했어—여긴 꿈속인 걸요, 깰 때까지 기다리세요 일주일 후 너를 다시 만났을 때, 그곳에서 음악회가 열렸다 음악회가 끝날 무렵 우린 손뼉을 치느라 잡고 있던 손을 놓았는데, 너를 아주 놓칠 것만 같아 서둘러 네 손을 잡았다

 여름 내내 난, 사람 많은 지하철 안에서, 길을 걷다가도 자주 울음을 터뜨렸고 네가 처음 내게로 오던 어느 초여름 날들처럼 아무것도 삼키지 못했다

 아카시꽃 필 무렵 시작된 꿈은 계절이 변하듯 변해갔다 몇 번의 여름이 지나는 동안 시계는 천천히 제 속도를 찾아갔다
 나를 안심시키려던 여자의 말처럼 꿈이 깰 때까지

환幻

새가 날아간다
날갯짓이 향하는 허공
나무들은 벌써 가지를 드러내고 있다

태양이 바다 위로 물구나무를 선다

허공을 가르는 새의 깃털 사이로
애플망고 한쪽 뺨이 물든다
둥글게 베어내자 흘러넘치는 붉은 저녁

아로마 오일을 몸에 바르고
우울과 불안이 진정되기를 기다린다
달아나려는 잔상

욕실 거울에 찬물을 끼얹자 젖은 새의 핏빛 눈동자

Homo hybrid

베이죠스와 매캔지, G와 M은 거액을 주고받고 헤어졌다
그들이 정말 사랑했을까?
알 수 없지
사랑의 방식이든 이별의 방식이든

나일강 하구 로제타 마을의 오래된 비석조각
고대 이집트로 통하는 녹슨 자물쇠를 풀자
새 소리, 낙타 소리에 깨어난 아랍문자와 그리스문자

현생인류 유전자 속 네안데르탈인의 유전자
그들이 정말 사랑했을까?
알 수 없지
사랑의 방식이었든 생존의 방식이었든

아프리카를 떠나오기 전으로 다시는 돌아가지 못하리
호모 사피엔스로는
돈과 사랑만으론 생존할 수 없을 테니

멸시

 인공호수 서쪽으로 돼지감자 혹처럼 붙은 습지는 도시가 개발되기 전부터 그곳에 있었다 어른 키의 두 배쯤 되는 마른 갈대가 습지를 감싸 안 듯 둘러서 있고 어린 갈대는 수면 위로 연초록 몸체를 드러낸다 찬찬히 둘러보면 수선화 몇 송이 피어 있다 접시만한 수련 잎은 습지를 빠르게 덮을 기세다 서너 장의 꽃잎을 벌린 채 물 밖으로 삐죽이 꽃봉오리를 내밀고 요지부동이다 습지를 가로지른 나무다리를 건너면 야생화 둔덕에 다다랐다 안개비 같은 들꽃들, 새하얀 솜털 끝에 꽃씨를 매달고 바람의 신호를 기다리는 민들레와 뒤섞여 물기가 걷히고 있다 조금 전 건너온 나무다리 저편 장미정원의 장미와 산책로를 따라 무리지어 핀 작약에 겹치던 중세기 코르셋의 잔상이 일시에 지워진다 노랗거나 보랏빛의 연하디연한 풀꽃들을 들여다보다 금방이라도 날아가 버릴 듯 하얗게 떨고 있는 개망초와 이제 막 꽃잎을 터뜨리고 씨근대는 꽃다지에게 말 건넨다 어디로든 날아가 너의 영토를 가꿔, 언제라도 바로 그때 바람에 뒤섞이는 풀꽃들 아무도 우릴 방해할 수 없다

3부

갈루아, 갈루아[*]

너무 이른 죽음과 너무 오랜 생존은 대칭이다
이것으로 그에 대한 헌사를 대신한다

초록의 숨결로 부풀어 오른 5월의 새벽 숲
짧은 총성이 명중시킨 게 갈루아였을까
갈루아가 운명의 심장을 명중시켰을까

사랑하는 여인을 두고 결투가 있기 전날 밤, 자신의 연구를 정리해 친구에게 남기는 것으로 스물한 살 운명에 맞섰다

두 자루 권총 중 한 자루엔 총알이 들어있지 않다

세상이 나로 인해 존재한다고 믿던 시절
봄 들판 찔레꽃이 아찔하게 예뻤다
찔레꽃이 지고 난 후, 내가 로또 숫자통 속 공이란 걸 알았다

---

* 에바리스트 갈루아(1811~1832): 프랑스의 수학자.

쾌락주의 사랑

그곳엔 아무도 없었다
주인 없는 애완견 한 마리뿐
개를 어루만지던 여자는 방금 떠났다

사람의 손을 탄 흔적이 역력했다
처음 보는 내게 꼬리를 흔들며 낑낑 소리를 내던 기억이 난다

개의 옛 주인이라는 여자가 나타났다
그들은 입을 맞추고 서로의 몸을 더듬었다
때때로 옛 주인은 투덜댔는데 변덕스러운 개의 성격 때문인 거 같았다
산책 코스를 주기적으로 바꿔주고
동물 병원엘 데려가고

애완견은 틈틈이 내 쪽을 바라보며 웃었다

옛 주인도 개의 첫 주인이 아니라는 거다
개는 입양과 파양을 거쳤고 스스로 보금자리를 뛰쳐나와 거리를 배회한 적도 있단다
보호본능을 일으키는 외모와 비극적 눈빛
그때마다 보살핌을 자처하는 사람이 나타났다는 거다

개를 어루만지던 여자가 돌아왔다
 그녀들은 내가 알지 못하는 애완견의 습성에 대해 알고 있었다
 목줄을 차지 않으려는 녀석을 어떻게 달래야 하는지와 기분 장애가 있는 녀석에게 미나리아재비가 특효라는 것도

 난 그녀들을 보며 중얼댔다
 애완견을 키우지 않은 건 잘한 일이야, 목줄 따위 필요 없는 비단뱀이면 몰라

갯벌 진흙은 왜 고울까

 그때 난 아이들에 둘러싸여 야생의 작은 꽃과 여러해살이 풀들의 이름을 함께 부르며 노트에 그려 넣는 일에 열중해 있었다 아이들은 참새의 발목처럼 가느다란 손가락으로 풀잎의 감촉을 느껴보고 부러질 듯 여린 꽃의 목을 끌어안고 향기를 맡았다 그리곤 짹짹거리듯 탄성을 내지르거나 날개를 퍼드덕대며 날아오를 듯 허공으로 뛰어올랐다 한 아이는 봄에 핀 갈대의 새순이 자랄수록, 겨우내 몸을 떨던 빛바랜 갈대가 보이지 않는 이유를 자꾸만 물어왔다 아이는 고개를 끄덕이면서도 여전히 의문에 찬 눈빛으로 나를 바라보았다

 친애하는 벗의 오래된 질문에 난 아직도 답을 하지 못했다

 오후 4시의 태양이 바닷물에 반사돼 수만의 잔해로 부서지는 동안 우린 잠시 추위를 잊었다 갯벌의 진흙은 왜 이리 고울까, 벗은 혼잣말인 듯 낮게 말했고 잠시 후 난 내게 한 말이란 걸 알아차렸다 국어사전을 읽듯 '조수간만의 차로 생긴 퇴적물'라고 말한 뒤 서둘러 화제를 돌렸다 바닷물이 수평선 너머로 느리게 빠져나가자 드넓은 펄이 나타났다 한 무리 사람들이 갯벌로 기어들어갔다

아이들과 소리내 부르던 들꽃과 여러해살이 풀들과 스러진 갈대, 아이들을 닮은 참새 그림자가 갯고랑으로 흘러든다

갯벌에 끌려가던 울퉁불퉁한 그림자가 사라진다

맨발로 갯벌을 딛자 부서질 대로 부서져버린 잔해들이 발가락 사이로 삐져나온다

콤플렉스 or 콤팩트

가끔씩 나를 의심해
속옷 차림으로 외출했을 것만 같아서
온몸 신경이 뻣뻣해지는 느낌이랄까

처음 나를 의심하던 날이 기억나지 않아

엘리베이터는 기다릴 때 오지 않아
버튼을 눌러도 반응하지 않거나 아예 상관없이 움직여
난폭하게 오르내리며 본성을 드러내지
까마득한 허공에 멈춰 선 채 문이 열려
어서 내리라고 위협하는 것만 같아
갓난아기처럼 발가벗고 있었어

시간이 갈수록 예쁘게 무너지는 게 좋아

초등학교에 입학한 지 얼마 안 된 등굣길
살얼음 낀 연못에 빠졌던 거야
순식간에 벌어진 일이었지
몇 사람이 달려들어 끄집어냈어
온몸이 얼어붙어 아무 말도 할 수 없었지
 호기심 어린 시선과 웅성거리는 소리가 나를 둘러싸고
돌고 있었어

아침이었는데 밤 같이 어두웠어
귓속으로 바람이 불어와 몸이 공중에 떠올랐어

참새와 고양이

I가 있어요
종일 고양이 자세로 앉았다 어두워지면 창문 틈으로 빠져나가죠
발목을 삔 10여 년 전, 의사는 성장판이 닫혔다 말했지만
여전히 벽에 눈금을 긋고 농구공을 사 달라 졸라대죠

기분이 좋을 땐 참새처럼 조잘거려요
간밤 꿈 이야기를 들려주기도 하죠
하지만 알고 있죠
그건 꿈이 아니라는 걸

I가 들판의 별처럼 빛나던 때
5월의 초목들은 맹렬히 잎을 살찌웠고
깊은 바다 고래 떼는 두려움 없는 항해를 시작했죠

봄밤 꽃향기에 사람들은 취해 있었어요

내겐 특별한 I들이 있어요
열린 방문 틈으로 밤새 야상곡이 흘러나오고
한낮이 저물도록 암막커튼을 걷지 않죠
모두 나를 닮았고 하나도 닮지 않았어요
정말 다행이에요

체스판 위 술래잡기

그는 자발적 유배를 택했다
골짜기와 심연을 바라볼 수 있는 산꼭대기에 올라
주권을 가진 자로 다시 태어나기 위해

어디에서 왔는가
어디로 가는가?
물을 필요 없다

그의 육성
그의 발걸음
파멸과 부활을 영원히 반복 할지라도 대지를 긍정하는 용기

한 마리 낙타였다
누군가가 얹은 등짐을 지고
복종의 대가로 육신을 살찌우며 길 떠나는
전력질주로 먹잇감을 낚아채 허기를 채우고
나무그늘에서 잠을 청하는 사자가 되기 전까지

끝내 고통과 수수께끼를 응시하며
체스판 위 말들과 술래잡기하는 어린아이가 되기 위해

알렉스, 퍼즐이 되다

#1
간밤 잠을 설쳤다
프레젠테이션을 앞두고 신경이 날카로워진 탓이다
차에 올라 버튼을 누르고 눈을 붙인다
게이트에 체크인을 하자 이어폰이 일정을 속삭인다

#2
법원에 도착한 시각은 오후 2시
결혼생활을 유지할 의사가 없다는 것과 아이의 양육과 친권에 관해 아내와 합의한다
AI 판사는 두 사람에게 재차 묻는다
—후회하지 않겠어요?

법원 건물을 나서며 바라본 하늘빛에 눈시울이 뜨거웠다

#3
주문한 가사도우미는 제 시각에 도착했다
체력이 좋은데다 일처리가 정확해서 그와의 동거는 즐겁다

샤워를 하는 도중 손목밴드의 알람이 울린다
—알렉스, 퇴사를 통보합니다

#4
다음날,
집 근처 병원에 가 뇌에 이식받은 칩을 반납하고 곧장 플레이센터로 간다
플레이센터엔 젊은 사람과 나이 든 사람들이 뒤섞여 활기가 넘친다
일련번호 등록을 마친 AI 직원은 알렉스 팔뚝에 칩을 심으며 말한다
―아프지 않으세요?

#5
무료함에 빠질 위험은 없다
24시간 감정을 읽는 센서에 불이 들어온다
알렉스는 내일부터 플레이센터에 나갈 예정이다

물들어가는 가로수 사이로 사람들이 느리게 지워진다

야윈 빙산의 허리

자외선 차단제는 무용지물이다
보호막은 더 이상 작동하지 않는다

군더더기 없이 야윈 빙산의 허리를 껴안는다

고질적 어지럼증은 자전축 때문
기울기를 관찰하려 고개를 숙인다
겸손한 말투로 원인 불상을 진단하다
여기가 끝인 거냐고
참을 수 없이 오만한 관성을 향해

북극점에서는 이제 누구라도 길을 잃을 것이다

밤에는 보이고 낮에는 보이지 않는다

흐린 연둣빛이 나날이 짙어가는 까닭
태양 탓일까
본능 탓일까

한 겹 표피를 또 각질로 덜어내는 까닭
생존 때문일까
바람 때문일까

그는, 무함마드 풍자만화로 표현의 자유를 가르치려던
프랑스 중학교 역사 선생님
그는, 프랑스 중학교 역사 선생님을 참수하며
'신은 가장 위대하다'고 외친 이슬람교도

나는 나를 복제해

첫 아이는 까만 피부에 튼튼한 골격, 뭉툭한 코를 가졌지
초보티를 감추기엔 괜찮은 결과물이지
처음이라 서툴렀을 거야

고민 끝에 만든 두 번째 아이
어떤 색깔의 눈동자를 끼워도 반항적 눈빛을 보이지
서서히 알아가는 아이 만들기의 묘미
주문을 외는 대로 아이는 만들어지지 않아

아이들을 팔고 사는 doll-market
드레스, 턱시도로 치장한 아이를 자신의 분신인 양 품에 안은 아이들
동그란 입에 젖꼭지를 문 칭얼댈 줄 모르는 아기를 얼러대는 아이들
새로 입양할 아이를 물색하느라 모성애를 흉내 내는 크고 작은 아이들
내 아이들이 진열대 위에서 그들을 바라보지
그들이 다가와 야릇한 표정으로 중얼거리는 걸 듣고 있지
—인형 같지가 않아, 사람 같지 않아?

마지막 아이의 머리통을 꺼낸 텅 빈 자궁
3D 프린터 전원을 끈다

끌로 다듬고 사포로 문지르자 피부가 매끈해진다
두 팔을 어깨의 홈에 끼운다
두 다리를 골반에 끼우고 상체와 연결 후 둥그런 가슴과 둔부를 쓰다듬어 본다
머리통과 몸통을 연결하자 진동이 울린다
—doll-market 열리는 날

기억을 믿지 마세요

 J는 쾌활한 매너와 깊은 우수가 반반씩이었다 앞집 언니는 그에게 관심이 많았다 회사 통근버스에서 내 옆자리가 비었어도 J 옆자리에 앉았다 그의 얼굴이 하루라도 보이지 않으면 그와 같은 부서인 내게 안부를 묻곤 했다 한동안 무단결근하던 J가 끝내 회사를 그만두었다는 소식에 앞집 언니 얼굴에 처음 보는 표정이 스쳤다 슬픔일 거라 생각했다 그날 밤 난 J에게 편지를 썼다 며칠 후, J와 친하게 지내던 K대리는 안쓰러운 표정을 지으며 내게 괜찮은지 물었다 얼굴이 화끈거렸다

 이른 봄, 광장시장 이불가게 앞을 지나며 J와 닮은 남자를 보았다 남자는 상인들과 인사를 나누며 시장 안쪽 빼곡한 점포 사이로 사라졌다 J의 퇴사 소식을 듣던 앞집 언니 표정처럼 기분이 이상했다 그날 오후 내내, 다음 날, 그 다음 날도 이불가게 앞을 지나간 사람이 J였는지 아닌지……

 동화책을 읽던 아이가 다급하게 부른다
 여기 이 사람, 어제는 해적이었는데 오늘은 삐에로가 됐어요
 아이가 가리키는 곳에 빨간 원뿔 모자를 쓴 남자가 한쪽 눈을 찡긋거리며 웃고 있다

과호흡 증후군

제라늄은 어둠 속에 살아있다
안개처럼 내려앉는 날숨을 받아 마시며

지상의 날들은 몸 속 수분을 모조리 앗아갔다
지하 통로는 어디로든 뚫려 있고
빛이 없는 곳으로 풀과 나무는 뿌리를 뻗는다

조각난 꿈을 위해 어느 해 사들인 제라늄
시든 잎사귀가 보일 때마다 물을 줬다
새로 돋는 가지와 잎의 무게에 눌려
위로 자라기를 멈추고 아래로 자라기 시작했다
처음부터 그렇게 태어난 것처럼
손길이 닿을 때마다 매캐한 향기를 뿜어댄다

빛의 광기에 휩싸인 밤
집으로 가는 꿈을 꾼다
어둠은 지상의 그림자는 가리지 못한다
유리창 안쪽
얕은 흙무더기에 이식된 식물들이 가쁜 숨을 몰아쉰다

웃자란 가지를 꺾어 심장에 이식한다

테오에게

  지중해 바람에 꽃들은 어여쁘게 피어나지만, 벌판을 이리저리 헤매어 다닌다
  사이프러스 나무가 늘어선 거리를 걷다보면, 카페테라스에 앉아 이마를 마주 댄 사람들의 속삭임이 들려온다
  나는 이 거리에서 사람들이 무엇으로부터 즐거움과 괴로움을 얻는지, 그것들이 어디로부터 오는지를 가늠하려 한다

  어제 우체국에 들러 네가 보내준 돈을 찾았다
  곧장 화방으로 달려가 물감 몇 가지를 구입했다, 대부분 노란색 물감으로
  보랏빛 눈동자 영롱한 아를의 해바라기는 내 영혼을 사로잡는다
  다양한 빛깔의 꽃들이 피어나는 벌판, 결핍을 마주하는 용기, 해바라기는 강렬하게 내 시선을 붙잡는다
  해바라기 꽃잎을 바라보는 동안 내 안엔 오로지 나뿐이다

  열어놓은 창문을 통해 빵집 주인과 채소가게 남자 목소리가 들려왔다 빈정대는 말투로 슬쩍 내 이름을 말하더군

  나는 왼쪽 귀를 잘라버렸다
  내일은 벌판의 끝에 도달하려 한다, 다른 사람은 몰라도

테오!
네겐 연락할 테니, 기다려라!

π 구하기

달이 졌다
출렁이는 바다
뭍이었던 것들 하나둘 섬으로 돌아갔다

움직이는 물체와 정지된 물체가 임무를 교대한다
해안 깊이 몸을 숨긴 낚싯배들
환청을 부르는 박수와 환호

커졌다 작아지기를 반복하는 원圓
질문과 의문이 반복될수록 Yes를 잠식하는 No

하늘을 뒤덮은 새 떼의 항문에서 총알이 난사되는 꿈을 꾼다

달이 진 후에도 달의 뒤를 밟는다
달의 궤적을 좇아 오차를 기록한다
$\sqrt{2}, \sqrt{3}, \sqrt{5}$, 원주율 π……

달빛에 물든 깃발을 찢고 풍경을 가둔다
쉽사리 오르지 않는 기온과 한낮에도 걷히지 않는 안개
푸른 달빛 때문이라며 달의 심장을 겨눈다

4부

칼 마르크스 유감

Marx는 옳았다
매우 공정했다
노동의 잉여물은 노동자의 것이라고 했으므로

9,160원에 삶을 기대는 자들과 9,160원에 삶이 휘청이는 자들이
9,160원짜리 빵을 두고 얼굴을 붉히는 사이
팔짱을 끼고 구경하는 자본주의 게임의 승자들
정착생활 이래로 축복이자 재앙이 된 잉여물의 분배 문제
부자와 거지, 죄수와 성직자, 전쟁과 환락이 여기서 비롯됐으리라

이제 다툼 없이 가질 수 있는 건 태양과 바람밖에 남지 않았다
태양과 바람이 낳는 먼지밖에 남지 않았다

Marx는 너무 순진했다
돈과 욕망은 끝없이 서로의 노예가 되는 것을

자본 이데아

무지개를 좇아 산을 넘은 사람들이 돌아오지 않는다
낭만주의가 지나갔다

부패한 살빛의 대지와
뱀의 몸짓을 타고 흐르는 강물 저편
가느다란 황톳길을 따라 사람들이 걸어간다
자연주의가 지나갔다

서울에 서울타워가 있다
파리에 에펠타워가 있다
런던에 런던타워가 있다
혁명의 시대가 지나갔다

바르셀로나 광장 가우디의 가로등 아래 사람들이 사진을 찍는다 등잔의 램프 같기도, 풍차의 날개 같기도 한 그의 가로등을 도처에 세우려던 계획이 비용 문제로 취소됐다
신도시 예정지를 남몰래 사들여 용버들을 심은 사람은 왜 하필 용버들을 택했을까? 물을 정화하고 해열과 진통의 효능을 가진 버드나무를

마지막 자본주의가 지나가는 중이다
다음이 보이지 않는다

그리고 인류

나는 던져졌다
어느 가을날 단풍나무 아래
눈이 뜨이고 귀가 열리자, 축제가 진행 중이란 걸 알았다
멀리 또는 가까이서 간간이 총성이 울리고 아이들 울음소리, 새떼가 날아올랐다
더 많은 날들이 환호와 축배의 대열에 합류했다

나는 변방의 시냇물과 흐르다
자운영꽃 하얀 벌판을 가로질러 도시 이정표 아래 섰다

빈민의 생계를 지원하는 일은 모닥불의 온기처럼 따스하다
자본주의의 필멸을 외친 철학자에겐 위로일까, 배신일까
북극곰은 머지않아 공룡과 같은 리스트에 오르게 될 거다

호킹의 예언이 아니더라도 우리는 예감한다
저녁이 되기도 전 조명을 밝히자 늘어서는 긴 행렬
행렬의 끄트머리에서 앞사람 발을 따라 걷는다

무덤이 있는 집

  초대장이 도착했다
  주소를 검색하자 오래된 소나무 군락지가 나타났다
  마당 한가운데 무덤이 있는 집
  난처한 표정을 감추려는지 그 앤 활짝 웃으며 나를 맞았다
  우린 끊어질 듯 이어지는 대화의 중간 중간 손뼉을 치며 웃다 눈물을 흘리기도 했다
  무덤에 관해서는 묻지 않았다
  깊은 밤 마당을 서성일 때 무덤은 유난히 크게 보였지만 나날의 더께에 무뎌져 갔다

  언덕 위의 푸른 옛집
  마당 귀퉁이까지 흘러내린 산자락 여기저기 무덤이 보인다
  정상에서 시작해 경사면을 따라 내려오다 무덤을 타고 넘는 것으로 놀이는 매번 끝이 났다
  옛집의 새 주인은 마지못해 한 번 다녀갔을 뿐 다시 오지 않았다
  아름다운 옛집이 드리운 그림자와 무덤에 놀라 도망치듯 가버렸다

  무덤을 향한 아무런 다짐도 없는 사람에게 무덤은 그저 무덤일 뿐

옛집엔 새와 바람이 산다

그 애에게 묻지 않은 무덤의 내력이 밤마다 귓가에 들려온다

옛집의 새 주인이 사는 곳에 무덤은 보이지 않는다 대신, 지하실에 수많은 관이 봉인되어 있다
백합에 둘러싸여 썩어가고 있다
통째로 무덤이 될 백합의 집에서

대통령과 미루나무 숲

개울 건너 습지는 미루나무 숲이었다
숲 쪽에서 바람이 불 때마다 찰랑이는 소리에 날숨향도 묻어왔다
검은 승용차 하나가 숲을 다녀간 얼마 후
미루나무는 모두 베어졌다

드넓은 습지에 중장비 덤프트럭 쉴 새 없이 드나들더니
낯선 농장이 붉은 얼굴을 드러냈다

그 무렵 TV에서 미국의 새 대통령 연설을 보았다
촌스러운 그에게 사람들은 별명을 부르며 환호했다
임기가 끝나면 고향으로 돌아가 땅콩농사를 짓겠다는 약속 때문일까?

내가 태어나기도 전 대통령이 된 사람은 오래 하려다 그만 죽고 나서야 그만둘 수 있었다

미루나무 숲은 소풍하기에 좋았다
숲속 좁다란 물길은 한여름에도 발이 시렸다
나뭇가지를 비집고 들어온 햇살에 풀들은 여리게 자라다 가을이 끝나기도 전 몸을 뉘었다

개간한 땅에서 농작물은 자라지 않았다

Give Me Chocolate

허쉬의 첫키스에 말리 소년의 땀방울이 녹아있죠
그대, 감미로운 첫날밤 코트디부아르 소녀는 눈물을 훔쳐요

그들은 폭력적이고 우린 겁에 질려 있었죠
한 손으론 악수를 다른 손으론 방아쇠를
인간의 얼굴을 한 자본의 기습
튤립*에서 진화한 꽃들이 뇌쇄적 포즈로 세포를 점령해 올 때
우린 떼쓰는 어린아이였죠
Give me candy

파시즘에 잡아먹힌 후 제국의 병영이 있던 땅
이념의 대리전 후 美 주둔군 유류와 발암물질로 속속들이 얼룩진 땅
할로윈 밤 158송이 국화꽃이 피어난 땅

청춘들이 좁디좁은 골목에 갇혔다
뒤엉킨 발걸음을 안내할 네비게이션은 작동하지 않았다
보호막이 찢긴 목숨들의 시퍼런 호흡이 멎었다

---

* 자본주의의 꽃이라는 주식시장은 네덜란드 동인도회사에서 시작되었다.

큰 얼굴의 사람이 무표정한 카메라 앞 처음 꺼낸 말은
사망자 : 장례비 1,500만 원
　　　　위로금 2,000만 원
부상자: 치료비 전액 건강보험 재정에서 선대납
(외국인도 같은 처우에 준함)

보험금을 지급할 뿐 사과하지 않는 보험회사
국가와 보험회사는 같다

영화처럼, 쿠데타처럼

 극장 벽보가 붙은 시멘트 담벼락을 따라 걸었다 읍내 하나뿐인 극장은 1년에 두 번 전교생 단체관람을 제하곤 금단의 성이다 포스터 앞을 지나는 소년, 소녀들의 얼굴이 빨개졌다 본 적 없이 예쁜 여배우는 매번 영화 포스터 제목 위에서 알몸이나 다름없는 포즈다

 뻐꾸기도 밤에 우는가
 앵무새 몸으로 울었다
 꽃순이를 아시나요

 지치지 않고 교체되던 벽보는, 1979년 가을밤이 관통당한 사건으로부터 1980년 봄날의 외침이 난사당한 현장에 이르기까지, 사춘기 소읍 학생들의 첫 이데올로기, 첫 유혹이었다

 가을밤이 스러진 초겨울의 어느 밤, 군화 차림의 군인들이 역사 속으로 난입했다 남쪽의 봄바람에 피비린내가 묻어오고, 극장 벽보가 붙어있던 담벼락엔 신군부 우두머리 얼굴이 나붙었다

 필름이 돌아가는 카메라가 다가왔다
 광주 법정에 출두하던 그는 짜증 섞인 목소리로 외쳤다
 ─이거 왜 이래?

바이러스

 전화가 왔어요 돈 받아오면 수수료 10% 준다고 지하철역 물품보관소에 돈 넣고 기다리니까 빨간 모자가 다가왔어요 수수료만 챙기고 곧장 헤어졌죠 뭐, 형사님이 방금 확인 했잖아요 그 번호 없는 번호라는 거

 3년 전 대학 졸업하구 여행사에서 계약직 가이드 하다 코로나 터지면서 잘렸어요 1년 넘게 알바도 못 구해 모아뒀던 돈 다 까먹구, 부모님한테 손 벌릴 형편도 못 되구, 고수익이라는 말에 면접 보러 갔던 거라구요 저두 긴가민가했는데 보수가 워낙 세니까 안 할 수 없었어요

 뉴욕 하트섬 구덩이 속으로 나무관이 줄지어 묻힌다
 우한의 트럭 운전사는 5,000구 넘는 시신을 어디론가 옮겼다고 고백했다
 인기척 없는 요양원 침상에 숨이 멎은 노인들만 누워있다

 단풍나무 홀씨나 버섯의 포자인 양
 색깔도 크기도 언어마저 제각각의 생명체에 붙어 기생하고 공생하고 각자도생하는 바이러스들

후줄근한 날들의 소동

후줄근한 날들에 지쳐 우린 정말 죽을 것 같아요
싹수를 찾느라 눈이 빠질 지경이죠

패배의식을 치르느라 찌든 몸을 씻어요
부글거리는 내용물을 변기에 쏟아버리죠
배설물을 안고 소용돌이치던 물살은 하수구를 따라 흐르다 호두나무 열매로 스며들죠
다랑어 새끼의 몸을 키워요
어제 이별한 안개꽃으로 피어나죠

거리엔 안내판이 보이질 않아요
내팽개쳐졌죠
붉은색 페인트가 칠해져 있어요
글자는 알아볼 수 없이 지워졌고 방향 지시등도 깨져 있어요
길눈 밝은 사람조차 네비게이션을 켜느라 급정거를 해야 하죠
차와 사람이 뒤엉켜 아수라장이 돼 가는 사이 누군가 새 안내판을 내 걸었죠

지명도 방향도 속도 표시도 엉망인걸
사람들이 웅성거려요

―이건 오류투성이 가짜라구요!

　분명 파충류의 것이거나 다가올 어떤 암울한 날의 언어로 된 안내판은 아무도 읽을 수 없어요

멧돼지와 무화과

―오늘의 날씨는 기압골의 영향으로 차차 흐려져 비가 내리겠고 당신의 뇌가 편두통을 호소할 수 있습니다

일기 예보는 잘 들리지 않는다
기상캐스터는 궂은 날씨에도 얼굴을 찡그리지 않고
사람들은 인터넷으로 날씨 검색을 한다

껍질이 연한 무화과는 태양 아래 익어야 제맛이죠
지중해성 기후는 최적의 조건이에요
한국의 여름 날씨는 무화과를 짓무르게 해요

무화과 뉴스가 끝난 후 아프리카돼지열병이 뉴스를 탄다 비무장지대를 넘나드는 야생 멧돼지가 감염원으로 의심받는 중이다 생포한 멧돼지 체액에서 바이러스가 나왔다 접경지 엽사들에게 총기 포획 허가가 내려졌다

고기를 받아먹는 아이 손에 멧돼지 인형이 들려 있다 몸에 갈색 줄무늬가 있는 새끼 멧돼지는 아이들에게 인기다 아이가 벽에 붙은 메뉴판을 보며 붉은 글씨를 읽는다

―저희 음식점은 멧돼지 특유의 냄새를 제거하고 육질을 연화시켜 최고의 맛을 선사합니다 마음껏 드시다 과

식했을 경우 무화과를 드세요 빠른 소화효과를 볼 수 있습니다

 시장이나 마트에 무화과는 보이지 않는다
 소화되지 않은 멧돼지 고기 때문인지 일기 예보 때문인지 편두통이 온다

카푸친원숭이의 미래

은밀하게 포자를 퍼뜨리며 영역을 확장한다
열린 공간에서 탈출을 꿈꾸지만 꿈의 경계는 모호하다

그들은 유기적이며 매우 개별적이다
중간 중간 괄호를 열고 닫으며 변명하는 식으로 마무리한다

피의 대결이 지나갔고 진행 중이지만 끝은 알 수 없다

영웅은 약지를 잘라 붉은 글자를 적은 후 손도장을 남겼다
피라미드는 멋진 채석장이 될 것이다

저길 좀 봐!
뗀석기를 만들어 야자열매를 까다 말고 우릴 쳐다보는 카푸친원숭이들
무엇을 예감했기에 망설이고 있을까

새들은 숲으로 돌아가지 않는다

나나

오랜만이오

며칠 전 WSJ에 실린 칼럼을 읽다 이메일 주소를 보았소 아직도 나에 대한 오해가 남았다면, 용서하시오 옛 일이 어제 일 같소 우크라이나 공격을 두고 세계가 한 입으로 나를 욕하지만, 모르는 소리들이오 나는 여러 번 경고했고 평화를 선택할 기회도 주었소 젤렌스키는 자신의 무능을 감추기 위해 무모한 도박을 한 거요 협상 따위 필요 없다며 큰소리친 건 제 나라 국민이 죽든 말든 자신의 정치적 입지를 위한 이기적 행동이었소 그는 나토에 가입해 나와 러시아를 압박하려 들었소 그들은 하나로 똘똘 뭉쳐 붉은 군대를 무찌르려는 나치주의 추종자들이오

세상엔 아름다운 것도 선한 것도 남아있지 않소

나나

나는 더 이상 젊지 않소 시베리아 사냥터를 누비고, 근육질의 몸을 드러낸 채 카메라 앞 일광욕을 연출하던 때가 까마득하오 카바예바도 곁에 없소 쓸 데 없는 생각이라며 머리를 저어보지만 어쩐지 버려진 느낌이오 가스관 밸브를 열어달라며 추위에 떠는 EU 사람들이 내게 무릎을 꿇으면 좋겠소 그러면 난 히틀러나 나치주의자들을 완벽히 넘어설 것만 같소

전동차 창으로 수변공원 버드나무 군락지가 펼쳐진다 새잎이 돋는 버드나무는 무덤처럼 부풀고 있다 동족 간의 전쟁 중, 아군이 폭파시킨 철교에서 피난민을 가득 태운 기차가 곤두박질 쳤다는 강물 위를 지나는 중이다 당시 이 나라 대통령은 미리 남쪽으로 피난을 갔으면서 수도 사수 대국민 방송을 했다는 불분명한 일화를 들은 기억이 난다

  트럼프-바이든 정권교체기 나는 미국에 체류 중이었는데, 의사당 난입 현장에서 견고한 믿음의 허무한 종말을 보았다 레닌 목에 밧줄을 걸어 땅바닥으로 끌어내리며 환호하던 소비에트 연방 탈퇴 국민들의 모습이 오버랩 됐다 이념과는 무관한 맨얼굴들 아마존 다큐멘터리 제작을 위해 브라질에서 만난 보우소나루는 아마존 개발이 가져올 부의 액수에 흥분하며 숫자로 환산할 수 없는 것들의 희생에는 귀를 막았다 열대우림은 체계적으로 파괴되는 중이다

  대통령 당선자와의 인터뷰를 마지막으로 한국에서의 일정은 마무리되었다 당선자가 선거 기간 내내 휘두른 어퍼컷 세리모니는 인상적이다 그가 검찰 최고 책임자였

다는 사실과 주먹을 날리는 제스쳐 사이 묘한 이질감 때문일까? 모스크바에 가기 위해 난생 처음 기차를 탄 날의 심한 울렁거림과 두통이 몰려왔다 <파괴되는 우크라이나 사람들의 비명>, <깨진 유리조각과 부서진 기물의 미국 의사당>, <불타는 아마존 열대우림> 오늘 인터뷰 헤드라인을 어떻게 뽑을까 골몰하다 푸틴에게 짧은 회신을 보냈다
　―아름답고 선한 게 남아있지 않다 해서 추하고 악한 게 이기도록 내버려 둘 수는 없습니다

회전목마

여자는 초조해 보인다
맞은편 의자에 등을 붙이기도 전
더 이상 기다리는 일은 일어나지 않을 것 같다며
해가 지면 전철을 타고 천안이나 인천, 동두천, 의정부
전동차가 데려다주는 아무 데로나 가 낯선 밤거리를 쏘다니다
새벽녘에 승강장으로 돌아오는 일을 반복한다는 거다
첫 전철을 기다리는 사람들 속에 있으면 자신도
목적지가 있는 사람이 된 것 같아 설렌다는 거다
교정과 편집 기술을 배우러 가는 수요일을 빼곤
일주일 내내 전동차를 타는 여자는 대로변에 면한
자신의 아파트 소음에 대해 말한다
나는 여자의 말을 놓치지 않으려 여자의 얼굴에 눈을 고정시킨 채
키보드 위 손가락을 빠르게 움직여 받아 적는다
심야에만 들리는 괴이한 소음에 아파트 주민 누구도 관심이 없다며
어느 밤에 찍은 영상을 내민다
화면엔 어둠 속에 웅크린 나무들이 가로등 불빛에 어렴풋이 흔들리고
텅 빈 도로를 내달리는 자동차가 이따금씩 나타났다 사라질 뿐

밤공기의 음울한 숨소리가 낮게 깔려 있다
 전동차를 타고 낯선 도시를 배회하는 건 소음에서 벗어나기 위해서다

 마지막 직장을 그만둔 5년 전 룸메이트가 떠난 후, 처음으로 친근하게 느껴지는 여자와 맥주를 마시며 어쩌면 기다리는 일이 일어날지도 모른다는 생각에 다리가 후들거렸다 여자가 손을 뻗어 내 어깨에 얹으며 상체를 내 쪽으로 조금 기울였다 가까이서 본 여자의 눈동자와 머리카락은 어두운 갈색이다 여자의 입술이 열리며 부정확한 발음으로 무어라 말하는 순간 내 방에서 밤마다 들리는 소음의 정체를 보았다

해설

인류의 미래와 지구의 운명에 대한 걱정

이승하(시인, 중앙대학교 교수)

  20세기 100년은 이데올로기의 각축장이었다. 1917년에 프롤레타리아 혁명이 성공하여 러시아에 공산정권이 들어섰다. 제1차 세계대전이 일어났다. 파시스트 이탈리아의 무솔리니와 나치즘 독일의 히틀러가 힘을 합쳤고 팽창주의와 패권주의로 무장한 일본이 가세하여 제2차 세계대전이 일어났다. 그 사이에 사회주의 노선을 취한 인민전선파에 대항해 파시스트 프랑코 장군이 반란을 일으킨 스페인내란이 있었고 그 이후에 자본주의와 공산주의의 대결장인 한국전쟁과 인도차이나전쟁이 있었다. 한국전쟁이 끝나고부터 세계는 냉전체제에 돌입해 철의 장막과 죽의 장막이 세워졌고 도미노이론을 펼치려는 공산주의 진영과 도미노이론을 저지하려는 자본주의 진영으로 나뉘어 날이면 날마다 으르렁댔다. 그런데 서독과

동독이 통일하는 놀라운 일이 냉전체제 종식의 도화선이 된다.

　러시아를 중심으로 뭉친 소연방과 인구가 제일 많은 나라인 중국이 공산주의 진영의 보루였지만 100년이 못 가 이 체제가 무너진다. 사람한테서 사유재산을 빼앗아 나눠 갖고, 공동생산과 공동분배를 하자는 공산주의 사상은 그야말로 공상주의였다. 고르바초프와 덩샤오핑은 자유로운 경쟁 속에서 발전하는 자본주의 이데올로기를 받아들이지 않을 수 없었다. 자본주의는 의회민주주의를 바탕에 두고 있기 때문에 국민의, 국민을 위한, 국민에 의한 정부를 만들 수 있었다. 고르바초프의 글라스노스트와 페레스트로이카와 덩샤오핑의 개혁·개방정책은 정치체제를 공산당 일당독재로 유지하되 경제는 자본주의를 고스란히 받아들인 데에 기본 취지가 있었다. 특히 중국은 국가가 경제를 통제하는 시스템을 고수함으로써 여전히 당이 인민들 위에 군림하는 독재체제를 유지하고 있다. 소연방이 해체된 이후 크로아티아의 저항을 푸틴은 용납할 수 없었다. 중국은 신장위구르 자치구와 티베트를 강압적으로 지배하고 있는데 푸틴은 그런 중국이 부러웠을 것이다. 이 시집의 해설을 쓰고 있는 1월 10일에 아직도 푸틴은 전쟁을 멈추지 않고 있다.

　양해연 시인의 두 번째 시집 해설을 쓰면서 해설자는 왜 20세기 100년을 정리하고 있는 것일까. 지금까지 수십 년 동안 해설자가 읽었던 여성 시인의 시는 여성으로서의 정체성 확립, 유년기에 대한 추억, 가족 이야기, 은밀한 내면 토로, 인간 생로병사의 비의를 탐색하는 것이 대다수였다. 이 다섯 가지 범주를 벗어난 시인은 고정희 정도가 있었을 뿐인가? 그런데 정말 특이하게도 양해연 시인은 이데올로기 대립, 인류 문명의 역사, 생태환경 문제, 인간의 미래 등 거대담론을 시의 소재로 다루고 있다. 여성 시의 특징인 아기자기함 내지는 오밀조밀함과는 거리가 멀다. 이런 말을 해설하는 자리에서 하면 절대로 안 되는데, 시집이 잘 팔릴 것 같지 않다. 아니, 유발 하라리의 『사피엔스』같은 책이 우리 나라에서도 베스트 셀러가 되는 것을 보면 이 시집이 베스트 셀러가 되지 말라는 법이 없다. 다만 시이기 때문에 다루는 모든 상황이 은유적이고 상징적이다. 그래서 해독해 가는 재미가 있다. 이제부터 몇 편의 시를 해설자 나름의 관점에서 읽어보고자 한다. 사실상 시인의 시는 꽤 어렵다. 하지만 진지하고 진실되다. 풍자의 기법을 가져올 때면 유쾌하고 후련하다. 표제시부터 읽어본다.

초원에서 데려온 달팽이는 향수병 때문인지 며칠째 미동도 없다 물조차 마시지 않는다 변덕스러운 조울의 포로가 되어 한없이 사랑스러운 촉수를 안으로 감추고 말라가고 있다 이마에 닿을 듯 내려앉은 밤하늘, 잡힐 듯 빛나는 북두칠성을 가리키던 더듬이로 초록 잎사귀를 한 번만 더 움켜쥐면 좋으련만

하늘 가운데를 가로지르던 빛줄기 수평선 너머로 곤두박질친다

멀리서 바라보면 별처럼 박힌 소와 말, 기분 내키는 대

로 경중대는 염소 무리는 종일토록 초원에 머리를 박고
쉴 새 없이 풀을 뜯는다 땅을 디딘 다리의 힘이 풀린 후에
도 눈을 들어 허공을 응시하는 일 따위는 없다 싱싱한 풀
이 시들기 전 몸을 살찌우는 것 외, 달리 중요한 게 만무
하다

—「달팽이 향수병」 전문

  시인은 이 시 제1연에서 달팽이에 빗대어 이상을 추구하는 인간을 그렸다. 플라톤 철학을 모티브로 하여 인간이 견지해야 하는 최고의 선, 초월적 아름다움 등을 위해 고통을 감내하는 자세를 표현했다. 시인이 사석에서 말하기를, 이 시를 쓰게 된 동기는 작은애와 몽골 여행 중 접한 야당 정치인 노회찬 씨의 자살 소식이었다고 한다. 그가 맞닥뜨렸을 이상과 현실의 부조화와 그로 인한 갈등을 몽골에서 생각해보곤 제2연의 한 줄로 표현해보았다. 제3연은 세속적이고 인간 본성에 충실하게 사는 것을 추구한, 플라톤 철학과는 상반되는 아리스토텔레스 철학을 표현한 것이다. 고도의 연유라 독자들이 제대로 파악할지 모르겠다. 이윤추구가 지상 명제인 자본주의 사회는 부의 편중, 계층의 분화를 심화시키지만 어떻게 할 방도가 없다.

    무지개를 좇아 산을 넘은 사람들이 돌아오지 않는다
    낭만주의가 지나갔다

    부패한 살빛의 대지와
    뱀의 몸짓을 타고 흐르는 강물 저편
    가느다란 황톳길을 따라 사람들이 걸어간다

자연주의가 지나갔다

　　서울에 서울타워가 있다
　　파리에 에펠타워가 있다
　　런던에 런던타워가 있다
　　혁명의 시대가 지나갔다

　　바르셀로나 광장 가우디의 가로등 아래 사람들이 사진을 찍는다 등잔의 램프 같기도, 풍차의 날개 같기도 한 그의 가로등을 도처에 세우려던 계획이 비용 문제로 취소됐다
　　신도시 예정지를 남몰래 사들여 용버들을 심은 사람은 왜 하필 용버들을 택했을까? 물을 정화하고 해열과 진통의 효능을 가진 버드나무를

　　마지막 자본주의가 지나가는 중이다
　　다음이 보이지 않는다
　　　　　　　　　　　　　　　―「자본 이데아」 전문

　문예사조의 역사는 고전주의→낭만주의→사실주의→자연주의→상징주의→표현주의→초현실주의 순으로 전개되는데 이 시에 나오는 자연주의는 에밀 졸라가 문을 여닫은 자연주의가 아니고 자연을 벗 삼아 진행되는 자연주의다. 모험을 감행한 낭만주의나 자연에 귀의한 자연주의의 시대가 가고 혁명의 시대도 지나갔다. 파리의 에펠타워는 프랑스대혁명의, 런던의 런던타워는 산업혁명의 다른 이름이다. 서울에 서울타워가 있다고 하는데 70년대 산업화시대의 눈부신 발전을 가리켜 '한강의 기

적'이라고 한 것에 착안한 듯하다. (서울의 남산타워는 박정희 제3공화국의 산물이다.) 그런데 이들 혁명이 이룩한 종착지는 자본주의다. 돈이 되는 곳에 사람이 손길을 뻗치는 것이 자본주의다. 시인이 보건대 "신도시 예정지를 남몰래 사들여 용버들을 심은 사람은 왜 하필 용버들을 택했을까"가 의문이다. "물을 정화하고 해열과 진통의 효능을 지닌 버드나무"를 말이다. 가우디의 가로등을 도시 곳곳에 세우려던 계획이 비용 문제로 취소되기도 하고. 자본(주의)은 혁명적인 예술을 용인하지 않고 이렇게 자연을 교묘하게 이용하기도 한다. 시인은 자본주의가 영 못마땅한 것일까? 2023년인 지금, "마지막 자본주의가 지나가는 중"인데 다음이 보이지 않는다고 하니 계속 이어질 수도 있다. 그럼 자본주의와 대척되는 지점에 있던 공산주의에 대한 시인의 견해는?

> Marx는 옳았다
> 매우 공정했다
> 노동의 잉여물은 노동자의 것이라고 했으므로
>
> 9,160원에 삶을 기대는 자들과 9,160원에 삶이 휘청이는 자들이
> 9,160원짜리 빵을 두고 얼굴을 붉히는 사이
> 팔짱을 끼고 구경하는 자본주의 게임의 승자들
> 정착생활 이래로 축복이자 재앙이 된 잉여물의 분배 문제
> 부자와 거지, 죄수와 성직자, 전쟁과 환락이 여기서 비롯됐으리라

> 이제 다툼 없이 가질 수 있는 건 태양과 바람밖에 남지
> 않았다
> 태양과 바람이 낳는 먼지밖에 남지 않았다
>
> Marx는 너무 순진했다
> 돈과 욕망은 끝없이 서로의 노예가 되는 것을
> ―「칼 마르크스 유감」 전문

　제1연에서 시인은 마르크스가 옳았다고 적극 옹호한다. 하지만 그런 좋은 의도로 시작된 공산주의가 인민들을 "9,160원에 삶을 기대는 자들과 9,160원에 삶이 휘청이는 자들이/ 9,160원짜리 빵을 두고 얼굴을 붉히는 사이"가 되게 하였다. "축복이자 재앙이 된 잉여물의 분배 문제"가 문제였다. 아무리 애를 써도 내 것이 되지 않고 집단의 것이 된다면 애면글면 애쓸 필요가 없다. 북한에서도 집단농장에 가서는 눈치껏 일하는 이들이 집에 돌아와서는 텃밭을 열심히 가꾼다고 한다. 재산은 사유재산이어야 하는데 당의 재산이, 국가의 재산이 된다면 무슨 재미로 일을 하는가 말이다. 하늘 아래 다툼 없이 누릴 수 있는 것은 태양과 바람밖에 남지 않은데.

　시인은 결론을 이렇게 내린다. "돈과 욕망은 끝없이 서로를 갈망하기에 끝없이 서로의 노예가 되는 것"이라고. 이 진리를 몰랐던 마르크스는 너무 순진했었다고. 공산주의의 종주국처럼 되어 있는 러시아는 지금 전쟁 중이다. 시집이 출간될 무렵에는 전쟁이 끝나 있지 싶은데, 전황이 두 나라 모두 유리하게 진행되는 것이 아니어서 지금 전선은 교착상태인 것 같다. 푸틴을 화자로 내세운 다

음 시를 보자.

> 나나
>
> 오랜만이오
>
> 며칠 전 WSJ에 실린 칼럼을 읽다 이메일 주소를 보았소 아직도 나에 대한 오해가 남았다면, 용서하시오 옛 일이 어제 일 같소 우크라이나 공격을 두고 세계가 한 입으로 나를 욕하지만, 모르는 소리들이오 나는 여러 번 경고했고 평화를 선택할 기회도 주었소 젤렌스키는 자신의 무능을 감추기 위해 무모한 도박을 한 거요 협상 따위 필요 없다며 큰소리친 건 제 나라 국민이 죽든 말든 자신의 정치적 입지를 위한 이기적 행동이었소 그는 나토에 가입해 나와 러시아를 압박하려 들었소 그들은 하나로 똘똘 뭉쳐 붉은 군대를 무찌르려는 나치주의 추종자들이오
>
> 세상엔 아름다운 것도 선한 것도 남아있지 않소
>
> ―「새들은 숲으로 돌아가지 않는다」 제1연

푸틴은 사실 이 시의 내용과 똑같이 주장했다. 전쟁의 명분을 얻기 위해 자국의 국민에게, 그리고 세계를 향해 주장한 내용인데 제1연의 마지막 행이 인상적이다. "세상엔 아름다운 것도 선한 것도 남아 있지 않소"는 푸틴의 내면세계를 말해주고 있는 것으로 보인다.

> 나나
>
> 나는 더 이상 젊지 않소 시베리아 사냥터를 누비고, 근육질의 몸을 드러낸 채 카메라 앞 일광욕을 연출하던 때가 까마득하오 카바예바도 곁에 없소 쓸 데 없는 생각이라며 머리를 저어보지만 어쩐지 버려진 느낌이오 가스관

밸브를 열어달라며 추위에 떠는 EU 사람들이 내게 무릎을 꿇으면 좋겠소 그러면 난 히틀러나 나치주의자들을 완벽히 넘어설 것만 같소

   전동차 창으로 수변공원 버드나무 군락지가 펼쳐진다 새잎이 돋는 버드나무는 무덤처럼 부풀고 있다 동족 간의 전쟁 중, 아군이 폭파시킨 철교에서 피난민을 가득 태운 기차가 곤두박질 쳤다는 강물 위를 지나는 중이다 당시 이 나라 대통령은 미리 남쪽으로 피난을 갔으면서 수도 사수 대국민 방송을 했다는 불분명한 일화를 들은 기억이 난다
―「새들은 숲으로 돌아가지 않는다」 제2, 3연

알리나 카바예바는 러시아 국가대표 체조선수 출신인데 푸틴의 애인으로 쌍둥이를 낳고 나서 언론에서 사라졌다. 푸틴은 "가스관 밸브를 열어달라며 추위에 떠는 EU 사람들이 내게 무릎을 꿇으면 좋겠"다고 생각했는데 웬걸, 그의 뜻대로 되지 않고 있다. 제3연에서는 한국의 정치적 상황으로 이어지는데, 화자가 시인 자신으로 바뀐다. 한국전쟁 발발 초기에 이승만 정부가 서울시민들이 죽든 살든 아랑곳하지 않고 한강 다리를 폭파시킨 것을 거론하고 있다. 자국민의 생명과 재산 보호에 신경을 쓰지 않은 점에서 이승만과 젤린스키가 닮은꼴이라는 게 시인의 생각이다. 그런데 이 시는 제4연에서 러시아와 우크라이나 간 전쟁에 광분하고 있는 푸틴의 마음속에서 빠져나와 이 지구의 운명을 다음과 같이 논한다.

   트럼프-바이든 정권교체기 나는 미국에 체류 중이었는

데, 의사당 난입 현장에서 견고한 믿음의 허무한 종말을
보았다 레닌 목에 밧줄을 걸어 땅바닥으로 끌어내리며 환
호하던 소비에트 연방 탈퇴 국민들의 모습이 오버랩 됐다
이념과는 무관한 맨얼굴들 아마존 다큐멘터리 제작을 위
해 브라질에서 만난 보우소나루는 아마존 개발이 가져올
부의 액수에 흥분하며 숫자로 환산할 수 없는 것들의 희
생에는 귀를 막았다 열대우림은 체계적으로 파괴되는 중
이다
　　　　　　　　　　—「새들은 숲으로 돌아가지 않는다」 제4연

　브라질 대통령 보우소나루는 자국의 경제개발 이익을 내세우며 아마존강 일대 개발을 단행했는데 그 넓은 열대우림 지역이 끔찍할 정도로 황폐해져도 아랑곳하지 않고 있다. 남한 크기의 열 배 정도가 '체계적으로' 파괴됨으로써 이 지구의 허파가 하나 사라진 셈인데 이렇듯 한 명 독재자가 인류 전체에게 해악을 끼쳐도 손쓸 방법이 없다. 하지만 시인은 "아름답고 선한 게 남아 있지 않다 해서 추하고 악한 게 이기도록 내버려 둘 수는 없습니다"라는 말을 푸틴에게 보내는 것으로 이 시를 마무리한다.
　개발과 건설이 미덕이 된 시대에 자연보호니 환경보호니 하는 것은 당연히 뒷전이 될 수밖에 없다. 우리 귀에 딱지가 앉도록 들려왔던 4차산업혁명, 인공지능, 드론, 로봇, 미래산업……. 그런데 우리가 처해 있는 현실은 어떤가. 코로나19 바이러스는 변이를 거듭하면서 인류의 미래를 위협하고 있고 또 다른 바이러스가 나타나서 인류의 종말을 앞당길지 모른다. 바이러스가 아니더라도 미세먼지가 우리의 폐로 파고들고 있다. 하천도 강도 오

염되어 있는데 바닷속 물고기인들 신선하랴. 돼지와 소와 닭이 먹는 사료는 100% 무공해 식품인가. 전혀 그렇지 않다. 지금 인류는 핵무기를 만들고 미사일 시험 발사를 할 때가 아니다. 지구온난화와 탄소 배출, 남극과 북극과 알래스카의 얼음대륙이 녹고 있는 데 대해 공동의 대응이 필요하다.

> 껍질이 연한 무화과는 태양 아래 익어야 제맛이죠
> 지중해성 기후는 최적의 조건이에요
> 한국의 여름 날씨는 무화과를 짓무르게 해요
>
> 무화과 뉴스가 끝난 후 아프리카돼지열병이 뉴스를 탄다 비무장지대를 넘나드는 야생 멧돼지가 감염원으로 의심받는 중이다 생포한 멧돼지 체액에서 바이러스가 나왔다 접경지 엽사들에게 총기 포획 허가가 내려졌다
>
> 고기를 받아먹는 아이 손에 멧돼지 인형이 들려 있다 몸에 갈색 줄무늬가 있는 새끼 멧돼지는 아이들에게 인기다 아이가 벽에 붙은 메뉴판을 보며 붉은 글씨를 읽는다
>
> ─저희 음식점은 멧돼지 특유의 냄새를 제거하고 육질을 연화시켜 최고의 맛을 선사합니다 마음껏 드시다 과식했을 경우 무화과를 드세요 빠른 소화효과를 볼 수 있습니다
>
> ─「멧돼지와 무화과」 부분

이 시는 쓴웃음을 짓게 하는 현실풍자시다. 우리나라 사람들은 누가 등 푸른 생선이 좋다고 하면 우르르 먹는

다. 아로니아가 좋다면 너나없이 아로니아를 재배하고 아보카도가 좋다면 백화점 야채 코너에 아보카도가 쌓인다. 아프리카돼지열병이 한국에 들어오자 비무장지대의 멧돼지가 감염원으로 의심을 받는다. 멧돼지 포획이 허가되어 멧돼지를 먹게 되었는데 무화과 열매가 돼지고기와 궁합이 맞다고 하자 무화과 값이 오른다. 사실 이런 것들이야 미봉책이고 눈 가리고 아웅이다. 그런데 참 웃긴다. 월드컵 대회 기간 중에 치킨집의 치킨이 동나는 것도 그렇고. 구제역 파동 때는 얼마나 많은 돼지와 소를, 조류독감 때는 얼마나 많은 닭과 오리를 살처분했던가. 4차산업혁명의 기수인 양 각광받고 있는 인공지능을 다룬 시도 있다.

#4
다음날,
집 근처 병원에 가 뇌에 이식받은 칩을 반납하고 곧장 플레이센터로 간다
플레이센터엔 젊은 사람과 나이든 사람들이 뒤섞여 활기가 넘친다
일련번호 등록을 마친 AI 직원은 알렉스 팔뚝에 칩을 심으며 말한다
—아프지 않으세요?

#5
무료함에 빠질 위험은 없다
24시간 감정을 읽는 센서에 불이 들어온다
알렉스는 내일부터 플레이센터에 나갈 예정이다

> 물들어가는 가로수 사이로 사람들이 느리게 지워진다
> ―「알렉스 퍼즐이 되다」 부분

미래사회의 모습 같다. 사람이 있어야 할 자리에 AI가 대신해서 일하고 있다. AI인 알파고가 이세돌과 커제를 연파하자 AI가 우리 인류를 구제해줄 줄 알고 희망적인 이야기들이 많이 나왔지만 현실적으로는 사라지는 직업이 많아질 거라는 진단이 나왔다. AI가 인간 노동의 대안이 아니라 인간의 적수가 될 수 있는 것이다. 검표원이나 경비원은 벌써 사라진 직업이다. I는 나다. 무기력한? 무가치한? 하지만 시인은 그렇지 않다고 말한다. 인간이기에 인권이 있고 존엄하다고.

> 내겐 특별한 I들이 있어요
> 열린 방문 틈으로 밤새 야상곡이 흘러나오고
> 한낮이 저물도록 암막커튼을 걷지 않죠
> 모두 나를 닮았고 하나도 닮지 않았어요
> 정말 다행이에요
> ―「참새와 고양이」 끝 연

> I는 알고 있는지 모른다
> 기다리는 I는 올 수 없는 I라는 것을
> 내 동공에 차오르는 바다, 갈매기 울음소릴 듣던 날 알아버렸는지 모른다
> 그리고 나처럼 말하지 않기로 마음먹었는지 모른다
> 내가 아플까 봐 말이다
> ―「기다리는 I」 끝 연

시인은 세상 사람들에게 내가 아프다고 말하는 사람이다. 그대가 아픔을 얘기해주는 사람이다. 텔레비전에 나오는 사람들은 남을 웃게 하고 즐겁게 해야 하지만 시인은 비명을 지르는 사람이다. 절규하는 사람이다. 천상천하에 유아독존인 존재, 그의 이름이 바로 시인이다. 시인은 지구 멸망의 날까지 살아남아서 최후변론을 준비해야 하고 문명의 역사를 증언해야 한다.

시인은 작년에 일어난 이태원 참사도 다루고 있다. 세월호 참사 때와는 달리 시인들이 망연자실하여 손을 놓고 있는데 양해연 시인은 용감하게 날카롭게 벼린 메스를 갖다댔다.

> 허쉬의 첫키스에 말리 소년의 땀방울이 녹아있죠
> 그대, 감미로운 첫날밤 코트디부아르 소녀는 눈물을 훔쳐요
>
> 그들은 폭력적이고 우린 겁에 질려 있었죠
> 한 손으론 악수를 다른 손으론 방아쇠를
> 인간의 얼굴을 한 자본의 기습
> 튤립에서 진화한 꽃들이 뇌쇄적 포즈로 세포를 점령해올 때
> 우린 떼쓰는 어린아이였죠
> Give me candy
>
> 파시즘에 잡아먹힌 후 제국의 병영이 있던 땅
> 이념의 대리전 후 美 주둔군 유류와 발암물질로 속속들이 얼룩진 땅

할로윈 밤 158송이 국화꽃이 피어난 땅

청춘들이 좁디좁은 골목에 갇혔다
뒤엉킨 발걸음을 안내할 네비게이션은 작동하지 않았다
보호막이 찢긴 목숨들의 시퍼런 호흡이 멎었다

큰 얼굴의 사람이 무표정한 카메라 앞 처음 꺼낸 말은
사망자 : 장례비 1,500만 원
    위로금 2,000만 원
부상자 : 치료비 전액 건강보험 재정에서 선대납
(외국인도 같은 처우에 준함)

보험금을 지급할 뿐 사과하지 않는 보험회사
국가와 보험회사는 같다
           —「Give Me Chocolate」부분

 인용한 부분의 세 번째 연에서 시인은 참사가 일어난 용산 일대가 미군이 오랫동안 주둔한 곳이었음을 얘기하고 있다. 주둔군의 유류와 발암물질로 얼룩진 이 땅에 들어온 서양 귀신 할로윈을 우리가 왜 기념해야 하는가. 158송이의 국화꽃을 시인은 바치고자 한다. '큰 얼굴의 사람'은 한덕수 국무총리다. 카메라 앞에서 제일 처음 꺼낸 말이 사망자의 장례비를 1,500만 원으로 했고 위로금을 2,000만 원으로 했다는 것에 대해 시인은 개탄하고 있다. 국무총리 왈, 부상자는 치료비를 전액 건강보험 재정에서 선대납한다고 생색을 냈다. 시인은 보험회사가 하는 행태를 국가가 똑같이 하고 있다고 분노한다. 어떤 사고가 나도 책임지지 않는 국가를 위해 우리는 세금을 꼬박꼬박 내고 있지 않은가.

 이러한 분노와 비판에만 머물지 않고 시인은 대안을 찾는다. 그것은 식물의 세계다. 이번 시집은 어찌 보면 식물에 대한 연구라고 할 수 있다. 이 지구를 구할 수 있는 존재는 인간이 아니라 식물일지 모르겠다고 시인은 생각한 모양이다. 사실 탄소동화작용을 하는 식물이 없다면 우리 인간을 포함한 동물들은 공룡이 그랬듯이 일거에 멸종할지 모른다. 푸틴이 정말 핵무기를 사용하면, 북한이 미사일을 시험발사하다 실수라도 하면 이 지구는 제3차 세계대전을 벌이게 될지도 모른다. 그 이후 이 지구의 주인은 식물이 되지 않을까.

 인공호수 서쪽으로 돼지감자 혹처럼 붙은 습지는 도시가 개발되기 전부터 그곳에 있었다 어른 키의 두 배쯤 되는 마른 갈대가 습지를 감싸 안 듯 둘러서 있고 어린 갈대는 수면 위로 연초록 몸체를 드러낸다 찬찬히 둘러보면 수선화 몇 송이 피어 있다 접시만한 수련 잎은 습지를 빠르게 덮을 기세다 서너 장의 꽃잎을 벌린 채 물 밖으로 삐죽이 꽃봉우리를 내밀고 요지부동이다 습지를 가로지른 나무다리를 건너면 야생화 둔덕에 다다랐다 안개비 같은 들꽃들, 새하얀 솜털 끝에 꽃씨를 매달고 바람의 신호를 기다리는 민들레와 뒤섞여 물기가 걷히고 있다 조금 전 건너온 나무다리 저편 장미정원의 장미와 산책로를 따라 무리지어 핀 작약에 겹치던 중세기 코르셋의 잔상이 일시에 지워진다 노랗거나 보랏빛의 연하디연한 풀꽃들을 들여다보다 금방이라도 날아가 버릴 듯 하얗게 떨고 있는 개망초와 이제 막 꽃잎을 터뜨리고 씨근대는 꽃다지에게

말 건넨다 어디로든 날아가 너의 영토를 가꿔, 언제라도
바로 그때 바람에 뒤섞이는 풀꽃들 아무도 우릴 방해할
수 없다

—「멸시」 전문

이 시에는 참으로 많은 식물의 이름이 나온다. 21세기인 지금 식물의 종 가운데 멸종위기에 이른 것들이 많다. 우리가 늪지와 개펄, 밀림과 툰드라를 지키지 않으면 22세기까지 버티지 못할 것이다. 그나마 식물들이 버텨준다면 22세기를 맞이할 수 있을 것이고. 이 시의 제목을 '멸시'로 붙인 것이 의미심장하다. 식물들이 조화롭게 군락을 이루고 살아가는 세상은 환상에 지나지 않는 것일까. 우리가 그들의 조화로운 세상을 멸시하다간 멸망하고 말 것이다. 시인의 뭇 식물에 대한 믿음은 신앙의 차원으로까지 승화된다.

모래땅 위 가느다란 풀들이 몸집을 늘려가고 있다
한여름에 보라색 꽃을 피우는 순비기나무에도 물이 오
르고 있다

—「모래시계」 부분

나는 변방의 시냇물과 흐르다
자운영꽃 하얀 벌판을 가로질러 도시의 이정표 아래 섰다

—「그리고 인류」 부분

코가 촘촘한 그물을 메고 강가로 나갔어
강물은 맑기도 탁하기도 해서 깊게도 얕게도 보여
물속에 반쯤 몸이 잠긴 수초들은 여름이 다 가도록 검

푸른 그대로
　　　　　　　　　　　　―「달팽이관이 자라는 밤」 부분

　식물 체취로 자욱한 화원은 현기증이 났다 줄기에 비해 커다란 잎을 매단 식물이 상아색 화분에 담겨 있다
　　　　　　　　　　　　―「우체국이 보이는 베란다」 부분

　한밤중 걸려온 전화에 길을 나섰다
　행선지를 묻는 택시기사에게 갈래길이 있는 팽나무 아래로 가자고 말했다
　　　　　　　　　　　　―「갈래길 끝에서」 부분

　반쯤 자란 갈대밭 너머 보라색 꽃들을 보았어 오각형의 꽃봉오리들은 청보라색 꽃을 피우지 순백의 꽃송이는 화려하지 않아도 특별해
　　　　　　　　　　　　―「곳집이 어둠에 싸일 때」 부분

　이와 같이 식물에 대한 시인의 관심과 사랑은 각별하다. 인용한 대목들 외에도 이번 시집에서 발견할 수 있는 식물의 수는 10종이 넘는다. 식물은 서로 다투지 않고 공존공영한다. 동물들에게 먹거리를 제공하고 산소를 뿜어낸다. 보시하고 인내한다. 인간이 지구상에서 오래 생존하기 위해서는 이런 식물들을 살려야 한다. 식물을 자연에 그대로 두어야 한다. 4대강 개발은 절대로 하지 말았어야 했다. 꽃나무가 죽으면 시인은 그곳에서 살 수 없다. "꽃나무 시름 앓는 연유를 알 길 없어 애태우던 때/ 울먹이는 나를 위로하던 봄볕 같은 사람 있었다/ 수줍게 만개한 자신의 꽃나무를 가리키며 웃음 짓던/ 그 꽃나무

아무도 몰래 고사해버린 후 여러 달 여러 날 휘청거리다 Q시로 떠나던 뒷모습"(「Q시 이야기」)을 보여준 사람은 남이 아니라 시인 자신이다. 꽃나무를 죽게 만드는 도시에서는 살 수 없는 시인, 바로 양해연이다. 시인의 이런 사상이 아주 잘 집약된 시가 있다. 이 시에 대한 내 생각을 보태면서 해설을 마무리하고자 한다.

개울 건너 습지는 미루나무 숲이었다
숲 쪽에서 바람이 불 때마다 찰랑이는 소리에 날숨향도 묻어왔다
검은 승용차 하나가 숲을 다녀간 얼마 후
미루나무는 모두 베어졌다

드넓은 습지에 중장비 덤프트럭 쉴 새 없이 드나들더니
낯선 농장이 붉은 얼굴을 드러냈다

그 무렵 TV에서 미국의 새 대통령 연설을 보았다
촌스러운 그에게 사람들은 별명을 부르며 환호했다
임기가 끝나면 고향으로 돌아가 땅콩농사를 짓겠다는 약속 때문일까?

내가 태어나기도 전 대통령이 된 사람은 오래 하려다 그만 죽고 나서야 그만둘 수 있었다

미루나무 숲은 소풍하기에 좋았다
숲속 좁다란 물길은 한여름에도 발이 시렸다
나뭇가지를 비집고 들어온 햇살에 풀들은 여리게 자라다 가을이 끝나기도 전 몸을 뉘었다

개간한 땅에서 농작물은 자라지 않았다
　　　　　　　—「대통령과 미루나무 숲」 전문

　개울 건너 습지가 사라지는 때가 왔다. 검은 승용차가 미루나무 숲을 다녀간 뒤에 미루나무가 모두 베어졌고 드넓은 습지에 중장비 덤프트럭이 쉴 새 없이 드나들더니 낯선 농장이 붉은 얼굴을 드러냈다. 이 시를 읽으면서 해설자는 새만금 간척지, 서산 간척지, 시화방조제 등이 생각났다. 개발이익도 분명히 있었겠지만 환경은 파괴되고 생태계의 질서는 무너진다. 땅콩 농사 약속은 미국의 카터 대통령 이야기이고 죽고 나서야 그만둔 대통령은 10.26사태 때 죽은 박정희 대통령 이야기다. 참 대조적이다. 이 시의 마지막 연에는 시집 전체의 주제가 집약되어 있다. 개간을 했으면 농작물이 더 잘 자라야 하는데 왜 자라지 못했을까. 완전히 역설인데, 자연을 그대로 두지 않고 인공이 가미되었기 때문이다. "숲속 좁다란 물길이 한여름에도 발이 시렸"으니 얼마나 청정했을까. "나뭇가지를 비집고 들어온 햇살에 풀들은 여리게 자라다 가을이 끝나기도 전 몸을 뉘었"으니 얼마나 무성했을까. 그런데 우리나라에서는 그린벨트 해제가 신상품 유행같이 행해지고 있다. 시골 벌판에 우두커니 서 있는 아파트 건물을 보며 허탈한 웃음이 나온다. 산과 하늘을 가리는 개발과 건설이 자본 이데아라면 우리는 그 자본 이데아를 거부해야 한다. 바로 그 역할을 양해연 시인이 하고 있다. 해설자가 미처 다루지 못한 시편에 대해서는 독자가 행간에 숨은 뜻을 파악해주기 바란다. 우리 시문학사 전개 과정에서 모처럼 큰 주제를 다룬 시인을 만나서 무척 반갑다. 앞으로는 좀 더 섬세한 감각과 언어 세공의 능력을 발휘하여 시사에 남을 시를 써주기를 당부하면서 해설 쓰기를 이 정도에서 마치고자 한다.

양해연

목포에서 태어나 백일 무렵부터 경기도 이천에서 성장.
2016년 『예술가』로 등단.
시집 『종의 선택』(예술가, 2018).
중앙대학교 대학원 문예창작학과 졸업.

서정시학 시인선 207
달팽이 향수병
―――――――――――――――――――――――

2023년 10월 31일 초판 1쇄 발행

지 은 이 · 양해연
펴 낸 이 · 최단아
편집교정 · 정우진
펴 낸 곳 · 도서출판 서정시학
인 쇄 소 · ㈜ 상지사
주 소 · 서울시 서초구 서초중앙로 18, 504호 (서초쌍용플래티넘)
전 화 · 02-928-7016
팩 스 · 02-922-7017
이 메 일 · lyricpoetics@gmail.com
출판등록 · 209-91-66271

ISBN 979-11-92580-19-7 03810

계좌번호: 국민 070101-04-072847 최단아(서정시학)
값 13,000원

* 잘못된 책은 바꾸어 드립니다.

서정시학 시인선

001 드므에 담긴 삽   강은교, 최동호
002 문열어라 하늘아   오세영
003 허무집   강은교
004 니르바나의 바다   박희진
005 뱀 잡는 여자   한혜영
006 새로운 취미   김종미
007 그림자들   김 참
008 공장은 안녕하다   표성배
009 어두워질 때까지   한미성
010 눈사람이 눈사람이 되는 동안   이태선
011 차가운 식사   박홍점
012 생일 꽃바구니   휘 민
013 노을이 흐르는 강   조은길
014 소금창고에서 날아가는 노고지리   이건청
015 근황   조항록
016 오늘부터의 숲   노춘기
017 끝이 없는 길   주종환
018 비밀요원   이성렬
019 웃는 나무   신미균
020 그녀들 비탈에 서다   이기와
021 청어의 저녁   김윤식
022 주먹이 운다   박순원
023 홀소리 여행   김길나
024 오래된 책   허현숙
025 별의 방목   한기팔
026 사람과 함께 이 길을 걸었네   이기철
027 모란으로 가는 길   성선경
029 동백, 몸이 열릴 때   장창영
030 불꽃 비단벌레   최동호
031 우리시대 51인의 젊은 시인들   김경주 외 50인
032 문턱   김혜영
033 명자꽃   홍성란
034 아주 잠깐   신덕룡
035 거북이와 산다   오문강
036 올레 끝   나기철
037 흐르는 말   임승빈
038 위대한 표본책   이승주
039 시인들 나라   나태주
040 노랑꼬리 연   황학주
041 메아리 학교   김만수
042 천상의 바람, 지상의 길   이승하
043 구름 사육사   이원도
044 노천 탁자의 기억   신원철
045 칸나의 저녁   손순미
046 악어야 저녁 먹으러 가자   배성희
047 물소리 천사   김성춘
048 물의 낯에 지문을 새기다   박완호

049 그리움 위하여   정삼조
050 샤또마고를 마시는 저녁   황명강
051 물어뜯을 수도 없는 숨소리   황봉구
052 듣고 싶었던 말   안경라
053 진경산수   성선경
054 등불소리   이채강
055 우리시대 젊은 시인들과 김달진문학상   이근화 외
056 햇살 마름질   김선호
057 모래알로 울다   서상만
058 고전적인 저녁   이지담
059 더 없이 평화로운 한때   신승철
060 봉평장날   이영춘
061 하늘사다리   안현심
062 유씨 목공소   권성훈
063 굴참나무 숲에서   이건청
064 마침표의 침묵   김완성
065 그 소식   홍윤숙
066 허공에 줄을 긋다   양균원
067 수지도를 읽다   김용권
068 케냐의 장미   한영수
069 하늘 불탱   최명길
070 파란 돛   장석남 외
071 숟가락 사원   김영식
072 행성의 아이들   김추인
073 낙동강 시집   이달희
074 오후의 지퍼들   배옥주

075 바다빛에 물들기   천향미
076 사랑하는 나그네 당신   한승원
077 나무수도원에서   한광구
078 순비기꽃   한기팔
079 벚나무 아래, 키스자국   조창환
080 사랑의 샘   박송희
081 술병들의 묘지   고명자
082 악, 꽁치 비린내   심성술
083 별박이자나방   문효치
084 부메랑   박태현
085 서울엔 별이 땅에서 뜬다   이대의
086 소리의 그물   박종해
087 바다로 간 진흙소   박호영
088 레이스 짜는 여자   서대선
089 누군가 잡았지 웃깃   김정인
090 선인장 화분 속의 사랑   정주연
091 꽃들의 화장 시간   이기철
092 노래하는 사막   홍은택
093 불의 설법   이승하
094 덤불 설계도   정정례
095 영통의 기쁨   박희진
096 슬픔이 움직인다   강호정
097 자줏빛 얼굴 한 쪽   황명자
098 노자의 무덤을 가다   이영춘
099 나는 말하지 않으리   조동숙
100 닥터 존슨   신원철

101 루루를 위한 세레나데 김용화
102 골목을 나는 나비 박덕규
103 꽃보다 잎으로 남아 이순희
104 천국의 계단 이준관
105 연꽃무덤 안현심
106 종소리 저편 윤석훈
107 칭다오 잔교 위 조승래
108 둥근 집 박태현
109 뿌리도 가끔 날고 싶다 박일만
110 돌과 나비 이자규
111 적빈赤貧의 방학 김종호
112 뜨거운 달 차한수
113 나의 해바라기가 가고 싶은 곳 정영선
114 하늘 우체국 김수복
115 저녁의 내부 이서린
116 나무는 숲이 되고 싶다 이향아
117 잎사귀 오도송 최명길
118 이별 연습하는 시간 한승원
119 숲길 지나 가을 임승천
120 제비꽃 꽃잎 속 김명리
121 말의 알 박복조
122 파도가 바다에게 민용태
123 지구의 살점이 보이는 거리 김유섭
124 잃어버린 골목길 김구슬
125 자물통 속의 눈 이지담
126 다트와 주사위 송민규

127 하얀 목소리 한승헌
128 온유 김성춘
129 파랑은 어디서 왔나 성선경
130 골마다 뒷마당엔 말이 한 마리 있었네 이건청
131 넘나드는 사잇길에서 황봉구
132 이상하고 아름다운 강재남
133 밤하늘이 시를 쓰다 김수복
134 멀고 먼 길 김초혜
135 어제의 나는 내가 아니라고 백 현
136 이 순간을 감싸며 박태현
137 초록방정식 이희섭
138 뿌리에 관한 비망록 손종호
139 물속 도시 손지안
140 외로움이 아깝다 김금분
141 그림자 지우기 김만복
142 The 빨강 배옥주
143 아무것도 아닌, 모든 변희수
144 상강 아침 안현심
145 불빛으로 집을 짓다 전숙경
146 나무 아래 시인 최명길
147 토네이토 딸기 조연향
148 바닷가 오월 정하해
149 파랑을 입다 강지희
150 숨은 벽 방민호
151 관심 밖의 시간 강신형
152 하노이 고양이 유승영

153 산산수수화화초초 이기철
154 닭에게 세 번 절하다 이정희
155 슬픔을 이기는 방법 최해춘
156 플로리안 카페에서 쓴 편지 한이나
157 너무 아픈 것은 나를 외면한다 이상호
158 따뜻한 편지 이영춘
159 기울지 않는 길 장재선
160 동양하숙 신원철
161 나는 구부정한 숫자예요 노승은
162 벽이 내게 등을 내주었다 홍영숙
163 바다, 모른다고 한다 문 영
164 향기로운 네 얼굴 배종환
165 시 속의 애인 금동원
166 고독의 다른 말 홍우식
167 풀잎을 위한 노래 이수산
168 어리신 어머니 나태주
169 돌속의 울음 서영택
170 햇별 좋다 권이영
171 사랑이 돌아오는 시간 문현미
172 파미르를 베고 누워 김일태
173 사랑혀유, 걍 김익두
174 있는 듯 없는 듯 박이도
175 너에게 잠을 부어주다 이지담
176 행마법 강세화
177 어느 봄바다 활동성 어류에 대한 보고서 조승래
178 타무니 유안진

179 길 위의 피아노 김성춘
180 이혼을 결심하는 저녁에는 정혜영
181 파도 땋는 아바이 박대성
182 고등어가 있는 풍경 한경용
183 0도의 사랑 김구슬
184 눈물을 조각하여 허공에 걸어 두다 신영조
185 미르테의 꽃, 슈만 이수영
186 망와의 귀면을 쓰고 오는 날들 이영란
187 속삭이는 바나나 지정애
188 더러, 사랑이기 전에 김관용
189 물빛 식탁 한이나
190 두 개의 거울 주한태
191 만나러 가는 길 김초혜
192 분꽃 상처 한 잎 장 욱
196 하얗게 말려 쓰는 슬픔 김선아
197 극락조를 기다리며 허창무
198 늙은 봄날 윤수천
199 뒤뚱거리는 마을 이은봉
200 신의 정원에서 박용재
201 바다로 날아간 나비 이병구
202 절벽 아래 파안대소破顔大笑 이병석
203 숨죽이며 기다리는 결정적 순간 박병원
204 왜왜 김상환
205 사랑의 시차 박일만
206 목숨 건 사랑이 불시착했나 안영희